LES FASTES DE L'EGLISE

LA Vierge DE SIENNE

L. Le Leu

Etablissements Casterman

ÉDITEURS PONTIFICAUX

LA VIERGE DE SIENNE

N° 37 des Fastes de l'Église

La légende rapporte qu'enfin Jésus lui-même lui apparut. (P. 23)

LA VIERGE
DE SIENNE

PAR

L. Le Leu

ÉTABLISSEMENTS CASTERMAN

Société Anonyme

PARIS, Rue Bonaparte. 66 — TOURNAI (Belgique)

SOMMAIRE HISTORIQUE DU VOLUME.

La Papauté à Avignon depuis Clément V. — Hérésies et désordres. Guerres civiles et guerres internationales. — Naissance de sainte Catherine de Sienne — Les débuts et les premiers grands désastres de la guerre de cent ans — Le Pape Jean XXII, ses luttes contre Louis de Bavière le pseudo-empereur, et l'antipape césarien Nicolas V. — Benoît XII, Clément VI, Innocent VI, Urbain V. — Retour momentané à Rome et rechute à Avignon. — Saint Pierre d'Aragon et sainte Brigitte de Suède. — Election de Grégoire XI. — Action prépondérante de sainte Catherine de Sienne pour la réforme de l'Église, la paix du monde et le rétablissement de la Papauté à Rome. — Ses efforts pour une nouvelle croisade. — Son intervention dans les discordes des républiques italiennes et surtout de Florence avec le Pape. — Gémissements de Pétrarque sur l'exil du Saint-Siège. — Grande influence de sainte Catherine de Sienne sur Grégoire XI qu'elle ramène définitivement avec la Papauté à Rome.

IMPRIMATUR

Tornaci, die 31 Octobris 1912.

V. CANTINEAU, can. cens. lib.

AVANT-PROPOS

Les événements dont nous allons tracer le rapide et incomplet tableau vont nous montrer une fois de plus trois vérités que nous n'avons jamais cessé de mettre partout en évidence : la divinité de l'Eglise, la faiblesse des hommes et la force permanente de l'Esprit divin pour son permanent triomphe.

La période de soixante-dix ans que comportent ces pages a reçu le nom de *nouvelle captivité de Babylone*, parce que, pendant ce temps difficile, la papauté s'exila de Rome, son siège apostolique traditionnel, pour venir, moitié de force moitié de gré, avec Clément V, chercher une paix douteuse sur les bords du Rhône, à Avignon, et sous la domination des rois de France et des politiciens laïques et ecclésiastiques qui avaient intérêt à son asservissement.

Ce mal fut une conséquence de la nécessité dans laquelle se trouvèrent les papes, souverains à la fois temporels et spirituels, d'engager et de soutenir, sur le terrain politique, des luttes dans lesquelles, au point de vue matériel, ils furent tour à tour vainqueurs et vaincus.

La Providence, en permettant ces luttes, avait ses vues profondes, sans doute. Sans doute, aussi, l'Eglise devait passer par toutes ces tempêtes terrestres, comme l'or dans la fournaise.

Il n'y a pas lieu de s'étonner ni de se scandaliser à propos des combinaisons politiques plus ou moins heureuses qui ont causé tant de tourments aux différents pontifes qui y ont été mêlés, et la Religion ne saurait en aucune façon être avilie ou amoindrie de ce chef. La Religion, en effet, est inébranlable parce qu'elle est révélée ; mais la politique est chose tout à fait fragile parce qu'elle n'est pas révélée : aussi, faut-il se garder de confondre ces deux choses bien distinctes dont l'une est divine et l'autre humaine.

Toutefois, il ne faut pas perdre de vue qu'aux temps dont nous traçons l'histoire, la religion et la politique étaient unies par des liens très étroits, si étroits que, nécessairement, de leurs conflits, devaient naître des douleurs nombreuses pour l'Eglise et des catastrophes fâcheuses pour la société chrétienne.

Nous entrons dans une époque de funestes troubles, dans une sorte d'âge ingrat plein de crises qui vont modifier complètement les idées, les mœurs et atteindront même les croyances.

Ces crises, aucun esprit éclairé et attentif ne pouvait les considérer autrement que comme fatales. Il y a longtemps que les saints les ont annoncées et prévues ; il y a longtemps que des hommes éclairés, comme Saint-Bernard, ont fait tous leurs efforts pour les prévenir et les détourner. Comme Jérémie, ils se sont lamentés dans le désert. Les moins aveuglés ont dit : « Sans doute, ils n'ont pas tort, mais ce sont des saints, et les saints voient les choses autrement que les autres hommes. » La folie ne s'est jamais excusée autrement de ne pas vouloir suivre les conseils de la sagesse.

Mais le Christ, qui a établi l'Eglise dans la voie immortelle tracée par son sang rédempteur, ne peut l'abandonner et il ne l'abandonnera pas, en effet, Celui qui a dit : « J'ai vaincu le monde », vaincra encore le monde; il vaincra l'esprit mauvais du monde, non dans le monde, car il a abandonné le monde à lui-même, mais dans son Eglise qu'il a tirée du monde pour être la lumière du monde et son jugement.

Dans ce somptueux palais d'Avignon où la papauté n'a pas honte de ses fers et coule des jours de paix hors de la barque de Pierre assaillie par les flots, une voix se fera entendre. Comme jadis, lorsque Pierre gémissait dans la prison romaine, un ange se présenta qui rompit ses fers et lui rendit la liberté, un ange sera envoyé par Jésus-Christ briser les nouvelles chaînes du nouveau Pierre et dire à ce paralytique en quelque sorte volontaire : lève-toi et marche!

L'œuvre sera difficile, car des chaînes d'or et de fleurs sont plus difficiles à briser que des chaînes de fer.

Cet ange sera une humble fille, ignorante selon le monde, savante selon Dieu; ce sera cette sainte Catherine de Sienne que l'on nommera plus tard avec raison la Jeanne d'Arc de la Papauté.

Hélas! quoique plus heureuse que saint Bernard, dans son ardente éloquence que couronnera un succès plus immédiat et plus éclatant, elle aussi verra clair dans le sombre avenir qui se lève; elle verra qu'il est des catastrophes que tout prépare et que rien ne détourne. Mais, du moins, lorsqu'elle mourra, bien jeune encore, tout en gémissant sur la non réussite de son plan total, elle pourra dire comme

l'Apôtre : « J'ai combattu le bon combat ». Elle laissera
dans le monde chrétien le témoignage de la sollicitude du
Christ pour son Eglise, la certitude que sur toutes les tempêtes de la terre, le ciel miséricordieux fait toujours lever
une étoile de grâce et de salut.

Nous ne verrons pas ici l'œuvre entière de Catherine de
Sienne, mais seulement les victorieux efforts à la suite
desquels elle ramena la Papauté à son vrai poste de combat,
à Rome. La suite de cette œuvre appartient à une autre
période conséquente à celle-ci et qui s'appelle le grand
Schisme d'Occident.

Quoiqu'il en soit, l'événement dont Sainte Catherine de
Sienne fut le merveilleux agent fut un événement unique
dans l'histoire de l'Eglise. C'est un prophétisme d'un genre
nouveau et puissant qui surgit en son sein comme naguère
il en surgissait aux époques troublées parmi les tribus
d'Israël. Comme aux jours évanouis de l'ancien Testament,
on va voir cette chose tout à fait inouïe — et malheureusement peut-être — dans l'Eglise, le prophétisme, pour une
fois, guider le sacerdoce et le sauver comme malgré lui.

En tout cas, « jamais, peut-être, n'a battu dans une
poitrine humaine un cœur plus fidèle à l'Eglise et à la
papauté.[1] »

(1 Dit Hase, *Katerina von Siena* (Leipzig 1864) cité par Salembier : *Le grand Schisme
d'Occident.* (Lecoffre. éd.)

LA VIERGE
DE SIENNE

I.

UN BERCEAU.

Le monde catholique était en proie à de grands troubles et l'horizon de l'Eglise, en cette première moitié du XIVᵉ siècle était si sombre que ceux-là même qui regardaient le ciel avec angoisse, n'osaient pas espérer y voir se lever une étoi'e salutaire.

Un fait douloureux et plein des germes des plus funestes conséquences dominait alors tous les événements de l'Eglise : le siège du suprême pontificat qui, depuis quatorze siècles était resté fermement assis sur les sommets de la ville éternelle, dans cette Rome où Pierre, le premier chef de l'Eglise l'avait établi, se trouvait maintenant, pour le malheur du monde catholique et son propre abaissement, transféré en Provence, dans la ville d'Avignon.

C'était le diable lui-même, dans la personne de l'odieux roi de France, Philippe-le-Bel, qui avait ourdi et perpétré ce complot césarien contre la majesté chrétienne et catholique du père commun des fidèles.

Une tourbe de rhéteurs et de juristes stipendiés et vils

avait aidé le roi de France à commettre les forfaits dont cet exil était le couronnement.

« Je vois, s'écriait Dante, le grand poète florentin, je vois la fleur de lys entrer en Allemagne; le Christ captif dans la personne de son vicaire; je le vois tourné en dérision une seconde fois; je le vois abreuvé encore de fiel et de vinaigre; je le vois mis à mort au milieu de vils scélérats; je vois le nouveau Pilate, si cruel qu'un tel spectacle ne le rassasie pas.[1] »

Le siège apostolique de Rome était devenu comme une proie que se disputaient les partis césariens et nationaux. Grâce à des intrigues odieuses, le parti français avait été vainqueur dans cette lutte déplorable; il avait donné pour chef à la chrétienté un archevêque gascon, Bertrand de Got sacré sous le nom de Clément V qui, trop soumis au déloyal Philippe-le-Bel, n'avait jamais mis le pied à Rome et s'était installé dans un monastère de la petite ville d'Avignon, alors obscure comme un pauvre bourg sans éclat et sans vie.

Devant ces événements, Rome et l'Italie n'étaient pas les dernières à gémir, mais à la façon des enfants terribles qui se plaignent des maux que leur mauvaise conduite et leur désobéissance leur ont attirés.

La honte de cet exil était une honte de famille; tous et chacun, dans la chrétienté, pouvaient s'en frapper la poitrine, et, pour dire vrai, Rome et l'Italie en révolution et en feu n'étaient plus, pour les papes, un séjour habitable et sûr.

Hélas! ailleurs même, il en était ainsi; c'était l'Europe entière qui était en proie aux plus tristes convulsions.

Comme on voit, dans un corps malade, la tête souffrir et le cerveau devenir, en quelque sorte, la victime des désordres

(1) Dante, *Le Purgatoire*, chant xx.

Le lecteur se reportera à nos volumes précédents pour l'histoire de Boniface VIII, de Clément V et de Philippe le Bel ainsi que des principaux événements de cette triste époque, notamment les débuts de l'exil d'Avignon et le triste drame des Templiers.

de l'organisme agité, ainsi la papauté, tombée sous l'obéissance à son persécuteur et devenue sujette des rois de France, avait perdu une grande partie de son autorité; Rome, privée de son pasteur et de sa lumière, s'inclinait vers la ruine, dans l'anarchie triomphante, tandis qu'Avignon présentait le spectacle d'une curie pontificale presqu'entièrement française, sujette et presqu'esclave d'un tyran qui faisait de la papauté chrétienne et catholique une papauté césarienne et régionale.

De Rome et d'Italie venaient deux vents contraires, l'un favorable, l'autre hostile à la papauté.

Cela tenait à l'état compliqué dans lequel se trouvaient Rome et l'Italie depuis qu'en l'an 800, le pape Léon III avait créé l'Empire d'Occident en couronnant Charlemagne.

Trois pouvoirs s'y trouvaient face à face : la papauté, pouvoir suprême qui avait donné la couronne; l'empire qui prétendait au droit de ratifier les élections pontificales et enfin le municipe qui représentait l'ancienne république romaine.

La papauté se trouvant éloignée de son siège, l'empire et le municipe s'efforçaient à l'envi, et chacun pour son propre compte, de renverser tout à fait le trône pontifical pour s'en disputer les dépouilles.

C'était la révolution et l'anarchie à l'état permanent. Tous les fauteurs de ces désordres, naturellement, s'opposaient de tout leur pouvoir au retour des papes dans la ville éternelle livrée à la ruine morale et matérielle.

D'autres voix, fidèles celles-là au siège apostolique, ne cessaient de supplier les pontifes de réintégrer le centre de la Catholicité. Des ambassadeurs venaient incessamment à Avignon pour cet objet, et des poètes comme Pétrarque chantaient en vers tristes et touchants, nouveaux Jérémies, les douleurs et l'abandon de la ville sainte et la désolation de ses sacrés parvis.

Hélas! les papes restaient sourds à toutes ces prières; non seulement ils ne revenaient pas à Rome, mais ils jetaient à Avignon les assises formidables d'une demeure qui allait être à la fois un somptueux palais et une imprenable citadelle.

Ils ne se souciaient pas, d'ailleurs, de quitter la vie paisible qu'ils menaient en Provence, pour aller se replonger dans la fournaise ardente des passions conjurées qui ensanglantaient l'Italie, livrée aux invasions des princes étrangers comme aux luttes fratricides des factions guelfes et gibelines, tellement compliquées et arbitraires que tout le monde, selon le vent, était tantôt guelfe tantôt gibelin et *vice versa*.

Malgré ces tristes convulsions, et de leur sein même, s'élevaient, dans les arts, des gloires immortelles.

C'était Dante Allighieri, au prodigieux génie, qui montait de cette fournaise comme l'archange de la vengeance et de la poésie, écrivant sa *Divine Comédie* et créant, en quelque sorte, la langue italienne; c'était ce Jean Boccace, écrivain large et magnifique, à l'exquise élégance littéraire et dont la gloire serait bien plus précieuse encore si sa plume eut été chaste; c'était François Pétrarque, homme de grand cœur et d'esprit élevé, chantre harmonieux qui possédait toutes les grâces du langage, une imagination charmante, un vers suave, un cœur ardent.

Avec la langue italienne, s'épanouissait la gloire de la peinture, dans la magie des plus vivantes couleurs.

Le Giotto, créateur et maître en l'art chrétien, avait une réputation justement retentissante dans cette renaissance artistique que Cimabue avait commencée.

Dans la sculpture et dans l'architecture, Arnolfo et Jean Pisano, dilatant encore la grande école de Nicolas Pisano, produisaient aussi des chefs-d'œuvre.

Un tel pays, certes, n'agonisait pas; ses convulsions

étaient le signe d'une vie intense et chrétienne. Conjointe-
ment aux merveilles de la poésie, de la peinture et de la
sculpture, il pouvait produire des miracles de foi ; à côté
des hommes dont la plume, le pinceau et le ciseau allaient
illustrer l'Eglise, devait naître une faible enfant qui allait
la sauver.

Florence, l'illustre, avait une noble sœur qui l'égalait en
beauté : c'était Sienne, la toscane, cœur même de l'Italie.

Assise comme un nid au sommet d'une verdoyante colline,
au pied de laquelle s'étendent des plaines riantes, Sienne, la
douce et la belle aux mœurs charmantes, semble la reine de
cette poétique contrée.

Des saints ont respiré son air pur, saint Bernardin de
Sienne, le bienheureux Colombino, le bienheureux Ambrosio
Sansedoni et d'autres ; des philosophes l'ont illustrée par leur
science et leur génie, comme les deux Piccolomini et le
célèbre Claude Tolomei ; dans les arts, le nom fameux du
Guide n'est pas le moindre de ses légitimes orgueils.

En 1347, au nombre des habitants de Sienne se trouvaient des teinturiers, Jacques Benincasa et sa femme Lapa.
Si l'on en croit la légende plutôt que l'histoire, les Benincasa
étaient d'origine noble et sortaient de la même souche que la
célèbre famille Borghèse. Mais, à cette époque, ils appartenaient à la classe moyenne des *popolani*; sorte de bourgeoisie à égale distance de la noblesse et du bas peuple et qui
gouvernaient la cité.

Epoux modèles et pieux, leur union avait été bénie de
Dieu et fécondée par la naissance de vingt-cinq enfants.

En cette année 1347, un horrible fléau qui commençait à
exercer ses ravages, la peste, venait de toucher de son aile
noire la riante cité.

Cette calamité était telle,[1] que les hommes et les femmes

(1) Dit la chronique Siennoise d'André Dio.

mouraient presque subitement ; pris d'une enflure à l'aine et
au doigt, ils expiraient tout à coup en parlant. Le père jetait
à peine un regard sur son enfant, le frère fuyait son frère,
la femme abandonnait son mari, parce qu'on disait que cette
terrible maladie se communiquait par l'haleine et même par
le regard. On ne trouvait plus, même à prix d'or, quelqu'un
pour ensevelir les morts. Ils n'étaient suivis ni de frères, ni
de parents, ni d'amis, ni de prêtres, on ne faisait pour eux
aucune cérémonie religieuse, mais celui qui perdait un de
ses parents, aidé par deux ou trois voisins le portait à l'église
sitôt qu'il avait rendu l'âme et on l'enterrait le plus vite possible afin que les chiens ne vinssent pas dévorer le cadavre.
Plus de quatre-vingt-mille personnes moururent ainsi à
Sienne au cours de cette funeste année.

Ce fut pendant cette néfaste période que naquit dans la
famille Benincasa une enfant que le fléau ne toucha pas et
à laquelle on donna le nom de Catherine.

Dès son premier sourire, on put lire sur son gracieux
visage les indices d'une prédestination merveilleuse.

Dieu réservait, en effet, pour de grandes choses, l'enfant
qui vagissait dans ce berceau ; la dernière et la plus chère,
elle fut la seule qui fut nourrie par le lait maternel.

L'enfant avait à peine six ans que, déjà, le monde invisible
se révélait à elle dans des visions.

Un jour, dit sa légende,[1] qu'elle passait avec l'un de ses
frères près de l'église Saint-Dominique, dans une rue nommée *Valle piatta*, ayant levé la tête elle vit le Christ sur un
trône royal, vêtu pontificalement et entouré des saints
Apôtres Pierre, Paul et Jean. Dans une douce extase elle vit
le Christ lever la main et la bénir.

En ce moment, son frère, étonné de son immobile con-
templation, la secoua vivement pour l'en tirer.

____

(1) Composée par le dominicain Raymond de Capoue.

Plus de quatre-vingt mille personnes moururent à Sienne. (P. 16.)

Elle fondit en larmes et lui dit avec tristesse :

— Ah! si tu pouvais voir les belles choses que je vois, tu ne me dérangerais pas ainsi! [1]

Elle vit de la même manière comment de grands solitaires avaient quitté le monde pour aller vivre au désert, et, à peine âgée de sept ans, munie seulement d'un pain, elle s'en fut chercher une grotte hors de la ville pour y mener, elle aussi, la vie érémitique. Mais elle revint presque aussitôt à la maison paternelle et, si incroyable que cela puisse paraître dans un âge si tendre, fit vœu de virginité perpétuelle.

Peu de temps après, ayant lu l'histoire de sainte Euphrosine qui, au IVe siècle, avait fui le monde sous un froc de moine, déguisant son sexe, elle conçut un projet analogue, dont son directeur le dissuada.

Dans cette atmosphère mystique du moyen-âge, de tels enfants se rencontraient assez souvent, mais, comme de nos jours, leurs parents mettaient souvent aussi obstacle à cette précoce exaltation.

Ce fut ce qui arriva pour Catherine, que sa mère songea à établir dès qu'elle fut en âge.

Un dominicain l'engagea fortement à obéir aux ordres maternels et à renoncer à tous ses rêves de vie religieuse pour faire son entrée dans le monde comme toutes les jeunes filles de son âge.

— Songez, lui dit-il, à l'austérité de la vie que vous vouliez embrasser, à toutes les difficultés qui vous attendaient, aux pièges du démon, à la fragilité de la nature et à la honte qui couvre ceux qui, ayant mis la main à la charrue, l'abandonnent pour retourner en arrière.

Mais Catherine lui répondit si sagement qu'il finit par lui reconnaître cette vocation qu'on lui contestait et il lui dit :

---

(1) Le peintre Gigli a retracé, en l'an 1700, ce fait merveilleux dans un tableau qui se trouve dans le cloître des sœurs de Saint-Sébastien dans la *Valle piatta* à Sienne.

— Voulez-vous un conseil? coupez votre belle chevelure ; défigurez-vous pour Jésus-Christ ; vous ôterez ainsi à vos parents l'espoir de vous établir.

Catherine suivit cet avis et une grêle d'injures s'abattit sur elle ; ses parents exaspérés s'écrièrent que sa ruse serait inutile et tournerait à sa confusion. Dès lors, elle devint le souffre-douleurs de toute la maison.

Navrée d'abord par tant de mauvais traitements, la pieuse enfant finit par s'y accoutumer et, comme les grandes âmes qui souffrent, elle se replia sur elle-même et se créa une solitude intérieure où son esprit se tint en paix malgré les troubles extérieurs au milieu desquels elle vivait.

Elle avait alors quatorze ans.

Une nuit, elle vit en rêve, parmi plusieurs fondateurs d'ordres monastiques, saint Dominique vêtu de sa blanche tunique et tenant un lys à la main.

Tous lui demandèrent l'un après l'autre quel ordre elle choisirait. Ses yeux implorèrent saint Dominique qui vint à elle, et lui remettant l'habit des sœurs de la Pénitence, lui dit :

— Fille chérie entre toutes, sois inébranlable et sois assurée que tu seras revêtue de ce saint habit.

Dès qu'elle fut éveillée, Catherine toute émue de ce songe, et pleine de courage, vint trouver ses parents et ses frères et leur dit :

— Je ne vous ai jamais dit, afin de ne pas manquer au précepte divin qui m'ordonne de vous respecter, toute la douleur que me causent vos persécutions dans le but de m'obliger à me marier. Mais, j'avance en âge, et je ne dois plus me taire. Sachez donc que dès mon enfance Dieu m'a inspiré de faire vœu de n'avoir jamais d'autre époux que Jésus-Christ.

« Je veux tenir ce que j'ai promis, car sur ce point je ne dois connaître ni père, ni mère, ni frère, ni aucune autre

chose, dont Jésus-Christ que j'ai choisi me tiendra lieu. Vous
amolliriez un rocher plutôt que mon cœur, en cela.

   » Si vous voulez faire de moi une servante et une esclave,
je vous obéirai jusqu'à la mort sans refuser aucune fatigue
ni aucune peine. Si vous me chassez avec mépris de votre
maison, Jésus-Christ, mon époux tout-puissant, saura bien
pourvoir sa servante d'un abri et du nécessaire.

   » Délibérez donc et faites pour moi ce qui vous paraîtra
juste et conforme à la volonté de Dieu. »

   L'effet de ces paroles fut inattendu; il émut jusqu'aux
larmes les parents de Catherine et surtout son père qui
lui dit :

   — Ma fille, ta longue patience nous prouve clairement
que l'esprit de Dieu t'éclaire. Suis ta voie, accomplis ton
vœu et que la divine sagesse te guide et te conseille. Quant à
moi, je m'oppose fermement à ce que personne ici ose te
contrarier à l'avenir.

   Catherine, joyeuse, remercia son père et plus que jamais
mena une vie mortifiée, couchant sur une planche, jeûnant
beaucoup et s'infligeant de vrais supplices volontaires.

   Toutefois, malgré l'assurance qui lui avait été donnée, sa
famille et surtout sa mère ne désespérait pas de la faire
encore changer de résolution et ne négligea aucun moyen
pour lui donner le goût du monde, jusqu'à l'obliger à fré-
quenter les bains à la mode qui attiraient une joyeuse société
dans une station thermale d'eaux sulfureuses chaudes située
non loin de Sienne.

   La légende raconte que Catherine s'y plongea dans l'eau
bouillante sans en ressentir aucun mal.

   Sur ces entrefaites elle tomba malade de la petite vérole
et conjura sa mère inquiète de lui permettre de revêtir l'habit
des sœurs du tiers-ordre de Sienne, appartenant à la famille
dominicaine et appelées sœurs de la Pénitence, si elle ne
voulait pas la voir mourir.

Autre difficulté, les sœurs refusèrent d'entendre cette requête; leur ordre ne recevait pas de jeunes filles, mais seulement des veuves ou des personnes âgées et capables de se garder elles-mêmes dans le monde puisque la vie commune n'entrait pas dans leurs obligations. Ce ne fut qu'à force de supplications qu'enfin Catherine obtint d'elles qu'elles dérogeâssent à leur règle et la revêtissent de leur habit, par les mains d'un dominicain, dans l'église du couvent siennois de saint Dominique où elles avaient une chapelle affectée à leurs réunions.[1]

Ces religieuses nommées aussi *mantellates* à cause du manteau noir dont elles étaient revêtues, étaient alors à Sienne au nombre de quatre-vingt-douze; elles ne prononçaient pas de vœux, relevaient en toutes choses des Dominicains et obéissaient fidèlement à une prieure qu'elles se choisissaient elles-mêmes par voie de vote.

Ce jour fut un beau jour pour Catherine, et la joie qui illuminait son visage en rendait la beauté célestement resplendissante.

Elle voulut dès lors entrer plus avant encore dans la voie rude de la perfection et s'imposa des pratiques d'un ascétisme presqu'incroyable.

Aussitôt engagée sur le sentier mystique où de telles âmes cherchent l'affranchissement de toutes les sujétions de la nature et répudient même ses joies les plus légitimes et les plus innocentes, elle souffrit tout ce que souffrent les natures humaines en mal d'enfantement à la vie séraphique et subit ce terrible dualisme qui se déchaîne en elles et fait alternativement de leur existence un paradis d'ineffables délices et un enfer d'inconcevables supplices.

Tantôt, dans les visions d'une merveilleuse extase, elle

---

(1) Ce couvent fut illustré par le séjour de saint Thomas d'Aquin. Depuis 1784 il est occupé par les Bénédictins.

contemplait des scènes sublimes où le Christ, la Vierge, les anges mettaient en action les plus sublimes mystères de la foi ; tantôt, au contraire, les plus affreuses tentations tourmentaient son âme et des voix lui reprochaient comme une folie sa jeunesse sacrifiée, la nature et ses joies foulées aux pieds, le mépris dans lequel elle tenait l'état du mariage et ses fécondités tant de fois bénies par le Seigneur dans tant de saintes femmes de l'ancien Testament et de la loi nouvelle.

Mais Catherine ne faiblit pas et la légende rapporte qu'enfin Jésus lui-même lui apparut et lui passa au doigt l'anneau mystique qui la faisait participante à jamais des noces éternelles de l'Agneau.[1]

Ainsi naquit et grandit cette fille de Sienne uniquement occupée des choses de Dieu et dont l'instruction avait été si négligée qu'elle ne savait ni lire ni écrire encore et que ses efforts même, tout personnels, dans le but d'apprendre ces sciences tout élémentaires, avaient été tout à fait infructueux malgré sa bonne volonté et celle d'une compagne plus avancée qu'elle.

L'ignorance, d'ailleurs, à cette époque, était profonde un peu partout, à tel point qu'en Angleterre il y avait une formule judiciaire d'absolution pour les plus grands criminels quand, par hasard, ils savaient lire couramment.

C'était surtout la parole qui était le principal moyen d'instruction et les beaux-arts faisaient le reste.

C'est cette simple fille, cependant, qui va jouer dans l'Eglise un rôle libérateur et faire entendre une voix dont l'histoire admirera la sagesse et couronnera les succès.

(1) De nombreux peintres ont immortalisé cette divine aventure, notamment Fra Bartholomeo della Porta et Garofalo.

II

LE TRONE DE PIERRE.

Le premier pape d'Avignon, Clément V, était mort et le roi de France, Philippe-le-Bel, l'avait suivi de très près au tombeau ; la grande agitation qui avait remué la France et le monde catholique avec le récent et tragique procès des Templiers, était à peine apaisée.

On était en l'année 1314.

Autour du trône pontifical vide, grondaient des cabales, d'abord sourdes, bientôt violentes. Comme aux plus mauvais jours de la féodalité, une famille prétendait confisquer à son profit l'auguste siège du prince des Apôtres. C'était la famille du feu pape, qu'il avait comblée, de son vivant, des faveurs les plus exagérées et de biens spirituels et temporels sans nombre.

Non contents d'avoir été gorgés de richesses et d'honneurs, du vivant de leur oncle, les deux neveux préférés de Clément V avaient détourné du trésor de l'Eglise plus de trois cents mille florins d'or destinés à secourir la Terre-Sainte.[1]

(1) Bareille, *Hist. de l'Église.* — Cette somme représente environ trois millions six cent mille francs. Ces pièces dont la frappe va d'Innocent II en 1135 à Paul III en

Craignant, non sans quelque raison, de justes représailles de la part du pape futur, Bertrand et Raymond de Got s'étaient mis à intriguer auprès du sacré collège des cardinaux dans le but de leur faire accorder la tiare à un cardinal de leur famille.

Le sacré collège, assemblé à Carpentras, était hélas! indécis une fois de plus sur le choix à faire. Toutefois, les intrigues et les cabales de Bertrand et de Raymond restèrent inutiles et humiliantes pour eux, ce que voyant, ils ne reculèrent pas devant l'emploi de la force armée.

Abusant de l'indécision des cardinaux, sous prétexte d'y mettre fin, ils réunirent tout ce que la Gascogne put leur fournir d'aventuriers, qui se ruèrent sur la ville de Carpentras, tuant, saccageant, incendiant tout et assiégeant le palais où se tenait le conclave, aux cris de :

— Mort aux cardinaux italiens! Un pape! nous voulons un pape!

Epouvantés, les cardinaux s'enfuirent par une issue secrète, décidés à sauver leur vie et à choisir un lieu de réunion à l'abri des violences.

Hélas! déjà divisés sur le choix d'un pontife, ils ne pouvaient maintenant s'entendre sur celui d'un endroit propice à leur assemblée.

Les cardinaux français tenaient, les uns pour cette même ville de Carpentras, les autres pour Avignon, en tout cas pour une ville française, tandis que les cardinaux italiens voulaient qu'on allât à Rome. Ils consentaient, toutefois, à accepter Lyon, ou même une autre ville, à condition qu'un cardinal, qui était neutre en ces disputes, prononcerait.

1534, pèsent 3 gr. 532 et sont de 985 millièmes d'or fin : elles valent en moyenne 12 frs. on s'en sert encore de nos jours à la cour pontificale sous le nom de florins *di camera;* c'est en florins *di camera* que les évêchés et archevêchés du monde catholique doivent payer à la Chambre Apostolique la taxe à laquelle ils sont soumis à chaque changement de titulaire. (Mgr Battandier : *Annuaire Pontifical.*)

Ce fut pendant ce temps-là que Philippe-le-Bel, qui avait vainement tenté de les accorder, mourut d'un accident de chasse, laissant le trône à Louis X le Hutin, son fils aîné, qui ne devait régner que dix-huit mois, pour mourir si mystérieusement que l'on attribua son décès au poison ou à des sortilèges.

Il avait eu le temps, toutefois, d'accomplir un acte mémorable, le jugement et l'exécution du ministre Enguerrand de Marigny, accusé d'avoir accablé les peuples d'impôts exorbitants et volé de fortes sommes. Louis X n'avait que vingt-sept ans lorsqu'il rendit le dernier soupir au château de Vincennes, le 5 juillet 1216.

Louis le Hutin, aidé de son frère Philippe, n'avait rien négligé pour hâter l'élection du futur pape. Efforts inutiles, hélas ! le sacré collège divisé s'obstinait dans sa division, Gascons, Italiens et Provençaux tenant chacun pour un parti différent.

Philippe était enfin parvenu à réunir vingt-trois cardinaux à Lyon, en leur promettant qu'ils ne seraient point enfermés, selon la règle ordinaire des conclaves, mais pourraient sortir librement de la ville. Cependant, obligé, par la mort de Louis X, de partir pour Paris, il dut manquer à cette promesse et les interna sous bonne garde dans le couvent des Frères Prêcheurs, avec ordre de conclure au plus tôt.

L'église devait bénéficier de cette sorte de violence. Au bout de quarante jours, cédant aux exhortations du cardinal Néapoléon des Ursins, ils élurent à l'unanimité le cardinal-évêque de Porto, Jacques d'Euse, qui prit le nom de Jean XXII.

On était au 7 août 1316.

Le nouveau pape n'était pas le premier venu, quoiqu'issu d'une famille pauvre dont le chef exerçait l'infime profession de raccommodeur de vieux souliers.

Grâce à un oncle, commerçant aisé, Jacques avait, de

bonne heure, quitté la ville de Cahors, son lieu natal, pour l'accompagner à Naples où, charmé de sa précoce intelligence, son parent lui avait fait enseigner la grammaire et la dialectique par un franciscain dont le crédit le fit entrer comme page à la cour du roi de Sicile.

Celui-ci le distingua aussi et lui confia plusieurs légations auprès du roi de France, du Pape et d'autres souverains, et bientôt l'archevêque d'Arles faisait, à son tour, entrer le jeune page dans les ordres sacrés et l'attachait à sa personne.

Après la mort de ce dernier, Jacques était revenu à la cour de Sicile où le roi l'avait nommé son chancelier. Peu de temps après, il devenait évêque de Fréjus, investi de cette dignité par Boniface VIII. De là, il s'asseyait sur le siège épiscopal d'Avignon où il reçut bientôt des mains de Clément V la pourpre cardinalice.

Le premier dimanche de septembre de l'an 1316, le sacre du nouveau pontife avait lieu en grande pompe dans la cathédrale de Lyon, et le 2 octobre la cour pontificale était de nouveau installée à Avignon.

Suivant les traces de son prédécesseur, Jean XXII allait, pendant son règne, ne nommer, pour ainsi dire, que des cardinaux français, choisis parmi les plus dignes prélats, sans doute, mais, néanmoins, dans un esprit beaucoup trop régional.[1]

Comme toujours, la guerre civile était parmi les peuples et la guerre de compétitions entre les princes.

En Allemagne, Frédéric d'Autriche et Louis de Bavière

---

(1) Le prophète saint Malachie, dans sa prédiction sur la succession des papes, avait désigné Jean XXII sous la devise *De Sutore Osseo ;* cette devise contient un jeu de mots intraduisible qui fait allusion à la profession et au nom du père de ce pape et en même temps comparant la Papauté à la charpente osseuse de l'Église, en mauvais état à cette époque, semble dire que, pour lui restituer toute sa force, il faut plus qu'un raccommodeur. On ne sait au juste si le nom de famille de Jean XXII était D'Euse ou Deusse ou Osseus, mots qui ont la même consonnance.

se disputaient la couronne impériale. Ce dernier venait de l'emporter et de se faire sacrer à Aix-la-Chapelle par les archevêques de Mayence et de Trèves, contrairement à la coutume, tandis que Frédéric recevait à Bonn l'onction royale des mains de l'archevêque de Cologne, non moins irrégulièrement, le premier quant au prélat qui devait consacrer, le second quant au lieu où aurait dû se faire la consécration.

Jean XXII, indécis, resta neutre dans ces discordes pour le moment.

L'Italie, pendant ce temps-là, en ressentait le contre-coup, Guelfes et Gibelins reprirent leurs luttes de plus belle.

Cependant, la couronne impériale d'Occident, qui ne pouvait être donnée que par le pape, restait sans titulaire depuis la mort de l'empereur Henri VIII et le roi de Naples, Robert, continuait, par la volonté pontificale, à être vicaire de l'Empire, pour l'Italie, relevant un peu, dans ce pays divisé, les affaires de la Papauté.

En France, les compétitions et les troubles ne manquaient pas non plus. Philippe, devenu régent du royaume, fut couronné enfin et sacré à Reims au mois de janvier de l'année 1317.

Encore une fois, les Etats Généraux du royaume avaient été réunis, en 1316, pour exclure du trône la reine Jeanne, veuve de Louis X, en invoquant la loi salique dont un article décrétait que le royaume de France ne pouvait tomber de sceptre en quenouille et ainsi excluait les femmes de la succession.

D'autre part, Edouard II d'Angleterre nourrissait l'espoir de voir cet article abrogé et d'arriver, par ce moyen, à réunir sur sa tête les deux couronnes de France et d'Angleterre, déjà maître qu'il était des plus florissantes provinces du continent.

Robert Bruce, il est vrai, le grand héros de l'indépendance en Ecosse, lui avait infligé de tels désastres en lui faisant perdre une armée de cent mille hommes et l'élite de sa chevalerie, qu'il ne pouvait guère espérer conquérir la France par la force.

Edouard songea alors à se ménager les bonnes grâces de Jean XXII par l'offre de tributs généreux. Le pape prit le parti d'Edouard contre Robert Bruce, malgré la difficulté de se prononcer entre les droits des hommes libres en révolte contre la tyrannie et le césarisme odieux d'un prince qui opprimait tout un peuple.

Edouard, avec son aide, triompha. Le roi de France Philippe le Long, pendant ce temps-là, jurait soumission au pape et s'engageait à protéger l'Eglise romaine.

Jean XXII étendait la sollicitude de sa médiation sur les affaires politiques de l'Europe entière; aussi était-il un centre vers lequel, dès le début de son pontificat, convergèrent de nombreuses et implacables haines. Des conspirateurs s'évertuèrent à le retrancher du nombre des vivants avec quelques-uns des cardinaux voués comme lui à de sourdes vengeances.

Hélas ! parmi ces conspirateurs, on relève des noms qui tenaient une place considérable à la cour pontificale et même dans le sacré collège.

Le poison et la magie étaient les armes employées par ces fanatiques pour accomplir leurs sinistres desseins.

Jean XXII ne l'ignorait pas, comme il le dit aux évêques qu'il chargea d'instruire cette affaire :

« Ils n'ont pu, dit-il, nous faire prendre les breuvages funestes qu'ils avaient préparés pour nous empoisonner; alors, ils ont fait en cire notre image et celles de plusieurs cardinaux, pour attaquer notre vie en piquant ces images, avec des enchantements magiques et des invocations du démon.[1] »

____

(1) Ces pratiques de basse sorcellerie constituent ce qu'on appelle l'envoûtement. Des savants de notre époque ont essayé d'en rechercher la théorie et ont même fait des

Il y eut des condamnations terribles qui frappèrent jusqu'à des prélats indignes de ces augustes fonctions auxquelles, assurément, ils avaient accédé par de tout autres voies que celles de l'Esprit-Saint. Ainsi en fut-il de Géraud de Cahors et de Robert d'Aix.

Ce réveil de la magie, qui ne fera que s'accentuer, correspondait à un pullulement de sectes propageant une quantité d'aberrations de doctrine et de mœurs.

Hélas! il faut bien le dire, du haut en bas de la société chrétienne sévissait une perturbation sans égale. Ce n'était pas d'hier, car nous avons vu, tout le long des siècles, s'échelonner des réformateurs, tous plus énergiques les uns que les autres et n'obtenant, cependant, pour prix de leurs saints labeurs, que des résultats minces; localisés la plupart du temps dans les monastères où même leurs effets n'étaient que de courte durée, ils se faisaient à peine sentir dans les rangs du haut comme du bas clergé où, cependant, brillait de temps en temps la lumière de bien des saints.

Ces désordres, nul n'avait été plus éloquent, peut-être, à les signaler, à les déplorer, que l'illustre abbé de Clairvaux, saint Bernard, sous la plume duquel on trouve les réprobations les plus véhémentes et les diatribes les plus énergiques.

Peine perdue; le monde marche à pas de géant vers des transformations pleines de catastrophes. Cette réforme de l'Eglise, que tant de saints auront tant demandée et que personne n'aura voulu faire, la force des choses l'imposera bientôt, mais dans des conditions tellement tristes et tragiques que le monde catholique sera, à ce sujet, à feu et à sang, en proie à la folie furieuse de tous les énergumènes, en

expériences magnétiques curieuses à ce sujet. Il est fort douteux que, dans les conditions ordinaires, de pareilles pratiques soient suivies d'effets graves. Toutefois, il paraît certain que des sorciers peuvent, à l'aide du démon, causer de cette sorte, bien des maux redoutables, surtout sur des faibles d'esprit et sur des animaux domestiques.

face de la révolte religieuse et intellectuelle d'où sortira le Protestantisme et cet enchaînement de révolutions qui nous conduira, avec quelques siècles, à l'indifférence et jusqu'à l'extrême bord de l'athéisme.

Les conciles sans cesse assemblés pour l'épuration des mœurs et le relèvement de la discipline, restaient lettre morte et devant cette puissance apparemment invincible des désordres et des abus de toute sorte, l'audace des sectaires qui, eux aussi, se prétendaient des réformateurs, ne connaissait plus de bornes malgré l'activité des inquisiteurs.

Fratricelles, Anabaptistes, Beghards, Lollards, propageaient les plus fantaisistes doctrines sous prétexte de réformation. En réalité, c'était l'anarchie dogmatique, morale et sociale la plus complète.

A les en croire, tous étaient inspirés du ciel, illuminés d'en haut, seuls vrais apôtres; en dehors d'eux il n'y avait plus d'Eglise. Quant à leurs réunions, elles étaient le théâtre des plus scandaleuses abominations.

Jean XXII lancera en vain contre eux l'excommunication; enfants désordonnés d'un passé noir et tumultueux, ils reparaîtront dans un avenir non moins noir, tragique et sanglant.

Jean XXII avait encore à faire face à d'innombrables discordes qui, de toutes parts, tenaient les peuples en guerre, surtout en Italie et en Allemagne.

La société d'alors, dit un chroniqueur, était comme une femme en travail d'un douloureux enfantement, et la Papauté semblable à un médecin habile et prudent qui aide, console et soutient pendant cette œuvre douloureuse et terrible.

L'esprit de cette société était assurément bien malade autant dans ses couches profondes que dans ses hautes sphères et les dérèglements de son imagination allaient de pair avec ceux de ses mœurs.

Depuis que le saint roi Louis IX, parti pour la dernière et la plus malheureuse des croisades, était revenu sans vie, porté par ses barons à la royale nécropole de Saint-Denys, les papes avaient vainement essayé de décider les princes de l'Europe à tenter de nouveau la délivrance des Saints-Lieux. Les uns avaient refusé, les autres avaient fait des promesses que nul n'avait l'intention de tenir, et l'avis des hommes les plus sages était que l'ère des croisades demeurerait à jamais close. Dans le peuple lui-même, le bel enthousiasme du temps de Pierre l'Ermite et de Saint-Bernard semblait éteint pour toujours.

Il était réservé à des sectaires d'exploiter encore cette idée pour susciter de nouveaux désordres dans une époque déjà si troublée.

Tout à coup, en l'année 1320, on vit se lever une multitude de laboureurs et de bergers qui se déclarèrent missionnés de Dieu pour cette œuvre abandonnée de tous.

Ils se nommaient « pastoureaux » comme jadis leurs devanciers qui, sous le règne de Louis IX, avaient fait un mouvement du même genre.

Sans armes, sans provisions, ils allaient en processions à la suite d'une croix, en silence, d'églises en églises, recevant des fidèles toutes les subsistances dont ils avaient besoin et recrutant tout le long du chemin de nouveaux adeptes et jusqu'à des femmes et des enfants.

Des désœuvrés, des mendiants, des vagabonds et des voleurs ne tardèrent pas à se joindre à eux, et les désordres commencèrent avec des violences, des pillages et même des meurtres.

Du nord de la France, passant par Paris, ils se dirigeaient vers Avignon dans un tumulte sans cesse croissant.

Arrivés en Languedoc, ils se jetèrent sur les juifs, pillant leurs biens et massacrant tous ceux qui refusaient de se faire baptiser. Comme le gouverneur de cette province

Plusieurs furent pris et pendus. (P. 35.)

s'efforçait de réprimer ces excès, ils les étendirent à tout le monde, pillant jusqu'aux églises et tuant tout ce qui leur opposait la moindre résistance.

La cour pontificale, à ces nouvelles, fut prise de terreur; Jean XXII ne perdit pas la tête, il ordonna au sénéchal de Beaucaire d'armer les forteresses et les châteaux, de fermer et de garder tous les passages et défense fut faite de fournir aucune subsistance à ces furieux, même à prix d'argent.

Plusieurs furent tués, d'autres pris et pendus et le reste se dispersa.

Le pape, en même temps, écrivit aux princes et aux seigneurs pour la défense des juifs et, par la même occasion, abolit un odieux abus qui s'était introduit partout et qui consistait à confisquer les biens de tous ceux qui se convertissaient au catholicisme, qu'ils fussent juifs, musulmans ou idolâtres.

L'Angleterre avait aussi, à la même époque, ses pastoureaux et entre elle et l'Ecosse la lutte ne cessait pas d'être ardente et désastreuse.

L'Espagne était, de son côté, le théâtre de combats de toutes sortes. Guerres civiles, guerres de princes qui se disputaient les trônes, enfin guerre des chrétiens espagnols contre la formidable puissance du royaume maure de Grenade. Là encore, des désastres, en grande partie dus à la division des catholiques que les musulmans écrasaient à merci dans les plus malheureuses batailles.

Enfin, l'ordre Franciscain, toujours divisé et dont une part était en révolte ouverte contre les décisions du Saint-Siège depuis Saint François d'Assise, continuait à troubler profondément l'Eglise.[1]

---

(1) Bareille, *Hist. de l'Église*. On croit rêver en lisant de pareilles choses dans les chroniques du temps, et des traits de ce genre montrent à eux tout seuls combien

Le pape Jean XXII tenait tête à toutes ces difficultés conjurées et qui allaient s'aggraver encore.

Philippe le Long, roi de France, était mort le 3 janvier 1322, à trente-et-un ans, après un règne de cinq ans, laissant la couronne à son frère Charles le Bel.

A peine monté sur le trône de France, Charles informa de son avènement Edouard II d'Angleterre, lui enjoignant en même temps de passer sur le continent pour lui prêter solennellement, selon la coutume, le serment de fidélité qu'il lui devait comme vassal de par la seigneurie d'Aquitaine qu'Edouard possédait et dont la couronne de France était suzeraine.

L'orgueilleux anglais se révolta à cette juste demande, et entre la France et l'Angleterre éclata l'étincelle qui allait allumer la terrible guerre de cent ans.

Edouard II avait formellement refusé l'hommage.

l'Église a eu de peine à christianiser des peuples pour lesquels l'Évangile même servait de prétexte aux plus absurdes excès. Nous avons plusieurs fois, dans les volumes précédents, exposé les motifs de ces troubles. Le lecteur s'y reportera.

III

LE TRONE DE CÉSAR.

Pendant ce temps-là, l'odieux césarisme allemand était en train de renaître de ses cendres nullement éteintes.

Jean XXII s'était prononcé contre Louis de Bavière en lui accordant un délai de deux mois pour se désister de l'administration de l'empire, révoquer ses actes, retirer ses décrets et enlever sa protection aux ennemis de l'Eglise.

Mais le rusé Bavarois s'était prémuni contre cette décision prévue.

Mettant à profit l'erreur dans laquelle on était en Allemagne en croyant faussement que le pape Grégoire V avait donné aux sept princes électeurs le droit de choisir un titulaire au Saint Empire Romain d'Occident, il fit publier partout que le pape Jean XXII voulait priver injustement ces princes de leur droit acquis en cette espèce.

Aussitôt, Jean se hâta de protester, affirmant que le droit des princes électeurs était toujours le même, mais que le droit des papes d'accepter ou de refuser leur choix restait également ferme.

Louis de Bavière ne devait pas se tenir pour battu. Il refusa d'obtempérer à aucune des sommations du Pontife

qui prononça solennellement sa déchéance de toute prétention à l'empire et même au titre de roi, le menaçant, s'il
s'ingérait au gouvernement du royaume, de le priver de tous
les fiefs qu'il tenait de l'Empire et de l'Eglise.

Louis de Bavière reçut cette bulle avec le même mépris
que les précédentes.

Le bruit courait, d'autre part, que le pape avait l'intention de donner la couronne impériale aux rois de France.

Ce projet que Boniface VIII et Clément V avaient déjà
médité, n'était pas sans un certain fondement qui s'écroula
tout à coup.

Jean XXII promulgua enfin la sentence qui condamnait
définitivement Louis de Bavière, et celui-ci levant contre
le souverain sacerdoce l'étendard de la révolte ouverte,
réunit à Saxenhausen une diète nombreuse devant laquelle
il alla, dans un violent réquisitoire contre Jean, jusqu'à le
déclarer fomentateur de guerres civiles et faux pape.

Naturellement, tous les fanatiques et surtout les dissi-
dents de l'ordre Franciscain divisé, accoururent acclamer
Louis de Bavière qui les accueillit comme d'importants
champions de sa cause.

La guerre entre les deux puissances allait recommencer
comme au temps de Grégoire VII et d'Henri IV, plus enve-
nimée peut-être encore parce qu'une foule de docteurs des
deux côtés entamèrent d'innombrables disputes historiques et
dogmatiques sur la question, chacun exagérant sa thèse
comme à plaisir de manière à exaspérer toutes les oppositions, chaque parti concluant tout simplement à l'anéantissement de l'autre.

Parmi ces auteurs et ces livres dont la plupart étaient de
violents pamphlets, nous citerons quelques noms et quelques
titres :

Marcile Meinardin de Padoue et Jean de Gand publièrent
le livre intitulé *Le Défenseur de la paix*, ouvrage où ils

attaquèrent les fondements mêmes de la puissance spirituelle, en la faisant émaner ou dériver d'une institution humaine et en la rendant dépendante du bon plaisir des princes.

C'était la thèse que soutenait le fameux Guillaume Occam,[1] docteur, franciscain dissident, césarien et démagogue dont la réputation était immense et les écrits nombreux tant contre Jean XXII que pour Louis de Bavière pour la défense duquel notamment il avait publié un pamphlet intitulé : *De la Puissance ecclésiastique et séculière.*

La thèse de ces auteurs était purement démagogique, elle consistait à prétendre que le peuple, c'est-à-dire le nombre, possède seul toute autorité, soit spirituelle soit temporelle, qu'il délègue au souverain lequel, à son tour, la communique aux évêques et au pape, ce qui est aussi faux que de vouloir prétendre que, dans un être humain, les membres priment le cerveau qui, lui-même, d'ailleurs, n'est que le siège des facultés supérieures.

Marcile, docteur de l'Université de Paris, avait composé aussi un écrit traitant de la *Translation de l'Empire*, pour nier et réfuter l'opinion généralement acceptée que l'empire avait été transféré des Grecs aux Allemands par le Saint-Siège.

Dans l'autre camp, le Sacerdoce avait des champions et des défenseurs non moins ardents et infatigables.

C'était le franciscain Alvare Pélage, futur évêque de Sylve, en Portugal, qui écrivait une *Apologie de Jean XXII*, contre Marcile et Occam; c'était le fameux docteur Augustin d'Ancône dont Paris, Venise et Naples avaient successivement apprécié l'éloquence, et qui écrivait, en la dédiant au pape, sa célèbre *Somme de la puissance ecclésiastique*; c'était l'illustre dominicain Pierre de la Palu, qui publiait son

---

(1) Nous avons parlé de Guillaume Occam et nous avons, en l'exposant plus au long, réfuté sa thèse anarchique dans notre xxxixe volume : Les Pèlerins du Ciel.

traité intitulé : *De la cause immédiate de la puissance ecclé-siastique*; c'était Alexandre de Saint-Elpide, alors général des Augustins et futur archevêque de Ravenne, qui écrivait un livre sur la *Juridiction de l'Empire et l'Autorité du Pape.*

Mais, aucun de ces hommes, comme nous l'avons dit, n'avait l'esprit conciliateur; chacun d'eux, au contraire, prétendait n'exalter la cause d'une des deux puissances qu'au détriment complet de l'autre.

La paix ne pouvait surgir de ces luttes exagérées.

Jean XXII continuait à s'efforcer d'exercer sa médiation entre les peuples. Inquiet à cause du différend qui venait de s'élever entre les rois de France et d'Angleterre au sujet du refus de ce dernier de prêter serment de vassalité à Charles le Bel pour le duché d'Aquitaine et le comté de Ponthieu, il prévoyait la guerre qui allait se déchaîner entre les deux peuples et voulait rétablir la concorde troublée.

A Londres, les Etats du royaume assemblés à ce sujet avaient envoyé au roi de France le frère du roi, Edmond, comte de Kant, et l'archevêque de Dublin pour obtenir, sinon la dispense de l'hommage, du moins un délai pour la prestation du serment.

Charles le Bel reçut magnifiquement les ambassadeurs anglais, mais refusa net toute entente si le roi d'Angleterre ne réparait pas certaines atteintes portées à ses droits de suzeraineté en Aquitaine par le gouverneur anglais de ce duché.

— Je suis d'avis, répondit Edmond, de donner satisfaction au roi de France en livrant à sa justice le gouverneur et ses complices.

— Mais moi, répondit l'archevêque de Dublin, je demande qu'il n'en soit rien fait avant d'avoir consulté le roi d'Angleterre.

Edouard, informé, refusa et en appella aux armes. Sur

son ordre, son frère Edmond dut quitter la cour de France pour aller commander les forces anglaises en Aquitaine, tandis que Charles le Bel remettait le commandement des forces françaises à Charles de Valois.

La guerre de cent ans était commencée.

Au milieu même du fracas des batailles, Jean XXII voulut encore tenter la conciliation. Moitié par respect pour le pape, moitié par l'inquiétude que lui donnaient les premiers succès de Charles de Valois, Edouard consentit à négocier avec le roi de France et lui envoya comme ambassadeurs, les comtes Jean de Bretagne et Henri de Beaumont accompagnés des archevêques de Norwick et de Windsor. La reine Isabelle d'Angleterre elle même vint en France à ce sujet et la paix fut signée. Edouard renonçait au duché d'Aquitaine, la France gardait les conquêtes faites par Charles de Valois et le nouveau duc était tenu de faire solennellement hommage pour le reste au roi Charles le Bel.

Mais cette paix était illusoire et allait donner lieu aux plus tragiques événements.

Edouard II avait un chambellan, son neveu, Hugues Spencer, homme ambitieux qui, pour régner en son nom, s'efforçait de l'abrutir dans la débauche. Il mit à profit le voyage en France de la reine Isabelle pour la perdre dans l'esprit de son époux.

Edouard intima à sa femme l'ordre de revenir aussitôt en Angleterre.

— Je n'en ferai rien, répondit la reine et je prolongerai, au contraire, mon séjour en France jusqu'à ce que le roi Edouard, mon époux, ait chassé du pouvoir et disgracié cet odieux Spencer qui est mon persécuteur et mon ennemi.

Isabelle, qui était la sœur de Charles le Bel, trouva appui auprès de son frère et, sur cette querelle de ménage, les anglais d'Aquitaine reprirent les armes contre le roi de France.

Le pape voyait avec douleur les catastrophes que présageait ce nouveau conflit et s'épuisa en vains efforts pour ramener une fois de plus la paix.

Pendant ce temps-là, Isabelle, irritée, s'attachait Jean dé Bretagne, comte de Richemond, et le comte de Lencastre, celui-ci avide de venger la mort de son père décapité par ordre d'Edouard, celui-là outré que les éclatants services par lui rendus à l'Angleterre ne lui eussent valu que la disgrâce et la ruine.

Grâce à l'argent que Charles le Bel lui procura, Isabelle s'en fut en Hollande auprès du comte de Hainaut dont la fille Philippa était sa bru; elle arma quatre-vingts navires sur lesquels montèrent avec elle tous les barons anglais ennemis de Spencer, puis des émissaires s'en furent, sur ses ordres, répandre le bruit qu'elle faisait voile vers la Grande Bretagne et se proposait d'aborder dans le voisinage des côtes de l'Ecosse afin de faire alliance contre son mari avec les intrépides partisans de Robert Bruce.

La première partie de cette nouvelle était seule exacte, la seconde était une ruse habile dans le piège de laquelle tombèrent Edouard et Spencer.

Pendant qu'en toute hâte ils quittaient Londres pour courir s'opposer au débarquement sur le point indiqué, Isabelle remonta la Tamise et entra à Londres avant qu'on eut songé à en fermer les portes.

A cette vue, la cité l'acclama et bientôt d'autres villes suivirent l'exemple de la capitale.

Les conjurés se mirent alors à la poursuite d'Edouard qui, avec son favori, tenta vainement, du comté de Galles où ils s'étaient retirés, de fuir sur une barque vers l'Irlande. La mer et les vents refusèrent de les porter et ils tombèrent aux mains du comte de Lancastre.

Spencer, chargé de chaînes, fut conduit à la reine Isabelle qui le fit cruellement mutiler puis pendre et traîner dans la fange au bout d'un croc comme un animal immonde.

Edouard, après un an de captivité, déposé par les Etats du royaume, mourut mystérieusement au fond de son cachot, et l'on dit que ses ennemis lui brûlèrent les entrailles avec un fil de fer rougi et introduit dans son corps au moyen d'un tube.

Le jeune Edouard III monta alors sur le trône d'Angleterre, sous la régence de Roger de Mortimer, Edmond de Kant et Henri de Lancastre.

La question d'Aquitaine était plus embrouillée que jamais et les efforts du pape Jean XXII pour la débrouiller et la résoudre au profit de la paix, ne faisaient que l'obscurcir davantage encore.

Pendant ce temps-là, Charles le Bel mourait et Philippe de Valois était sacré à Reims le dimanche après la Pentecôte de l'an 1328, au milieu de grandes controverses suscitées par la prétention d'Edouard III à la régence du royaume de France et même à la couronne comme fils et héritier de sa mère Isabelle sœur de Charles IV son oncle.

Ce fut encore la loi Saliqne qui sauva la France des griffes de l'Angleterre avide.

D'autre part, pour délivrer Frédéric d'Autriche auquel le sort des armes avait été contraire, quatre princes autrichiens s'étaient mis en campagne avec le secours du roi de France.

Louis de Bavière, sachant que le pape avait le secret dessein de faire passer sur la tête de ce dernier la couronne impériale, imagina de proposer la liberté à Frédéric moyennant renonciation de sa part à toute prétention à l'empire.

Frédéric accepta. Mais le pape se hâta de proclamer nul ce contrat imposé dans la nécessité et la captivité, déclarant, en outre, qu'un prince ne pouvait, de son chef unique, renoncer à des droits à lui conférés par une élection.

— Que le pape, alors, s'écrièrent les barons allemands, termine ce trop long débat entre deux prétendants et qui déchire notre patrie. Le pape a prononcé la déchéance de Louis de Bavière, qu'il valide donc l'élection de Frédéric comme roi des Romains.

— Je ne puis, répondit Jean XXII, me prononcer qu'à la suite d'un procès régulier et avec le concours des cardinaux. Qu'on me fournisse toutes les pièces de la double élection afin que la cause soit promptement jugée.

Le rusé Louis de Bavière s'écria alors :

— Qui ne voit clairement que le but du pape est de nous dépouiller tous deux de l'empire pour en donner la couronne au roi de France ?

L'opinion publique fut de cet avis et Louis de Bavière faisant partager ses craintes à Frédéric, conclut avec lui un nouveau traité en vertu duquel ils se partageaient l'empire.

Ceci se passait avant la mort de Charles le Bel. Le pape, à cette nouvelle, se récria sur une telle violation des droits du Saint-Siège et résolut, en effet, de casser les deux élections au profit du roi de France.

Les légats partirent dans toutes les directions pour gagner tous les princes chrétiens à ce parti pendant que Jean XXII écrivait à Charles le Bel hésitant, pour lui dire qu'il ne devait pas espérer que la couronne impériale viendrait d'elle-même à lui, mais qu'il devait aller à elle, au contraire, et la conquérir par l'or et par l'épée ; en même temps, le pape mettait tout en œuvre pour allumer partout la guerre contre Louis de Bavière, surtout en Italie où toutes les forces Guelfes entrèrent en mouvement.

Les Gibelins appelèrent Louis de Bavière à leur secours et il se mit en route pour l'Italie. Les princes chrétiens, toutefois, étaient loin de s'unir à l'appel du pape. Charles le Bel avait assez à faire avec l'Angleterre, Robert de Naples avec Frédéric d'Aragon qui lui disputait la Sicile, Charles de Hongrie avec les infidèles qui infestaient ses frontières,

Jean de Bohême, dégoûté des palinodies politiques, ne voulait plus s'y mêler.

Cependant, tous les gibelins d'Italie recevaient Louis de Bavière avec des acclamations par toutes les villes où il passait, et le 31 mai, jour de la Pentecôte, à Milan où il venait d'entrer solennellement, Louis était couronné roi de Lombardie par Gui Tarlat évêque excommunié et déposé d'Arezzo, que les schismatiques venaient d'asseoir sur le siège archiépiscopal de cette ville d'où le titulaire, Aycard, venait de se retirer pour ne pas communiquer avec un prince frappé d'anathème.

Peu de temps après, Simon Pazzi, ambassadeur de Florence, arrivait à la cour pontificale exposer au pape la grandeur du péril et le conjurer de soulever une croisade entre Louis de Bavière prêt à entrer dans la Péninsule et qui déjà était acclamé par une foule d'évêques, de clercs et de religieux gibelins. De Rome, arriva une autre ambassade suppliant Jean de réintégrer la ville éternelle, menaçant en cas de refus de livrer Rome au Bavarois.

Jean XXII ne pouvait alors retourner à Rome sans danger et Louis de Bavière y entra sans résistance le 7 janvier 1328, acclamé par le peuple romain. Salué roi, fait sénateur et généralissime des milices urbaines, il fut couronné à Saint-Pierre le 17 janvier par Jacques Albertin, évêque déposé de Venise, assisté de Gérard Orlandini évêque d'Aléria, en Corse, l'un et l'autre excommuniés.

Quatre syndics, élus spécialement par le peuple pour cet objet, lui apportèrent la couronne d'or et les insignes impériaux et il jura de maintenir la foi catholique, de protéger les libertés du clergé, de défendre les veuves et les orphelins, ce qui acheva de lui gagner le peuple.

Les plus mauvais jours du vieux césarisme renaissaient de leurs cendres toujours brûlantes et la fin du règne de Jean XXII allait être abreuvé d'amertume.

IV

L'ÉTERNELLE BATAILLE.

Les fils du diable contre les enfants du Christ, parce que le césarisme qui est issu du diable a obligé le sacerdoce qui est issu de Dieu à se mesurer avec lui dans l'arène arbitraire de ses odieux conflits.

Aussitôt ces nouvelles connues de Jean XXII, le pape ordonna à Jean des Ursins, son légat en Toscane, à Bertrand Poyet, son légat en Lombardie, à l'archevêque de Capoue, de publier la croisade contre l'usurpateur, avec l'indulgence de la Terre-Sainte pour tous ceux qui prendraient les armes contre le tyran pendant une année, avec, au contraire, menace d'excommunication contre tous les partisans de Louis de Bavière, ceux qui l'aideraient ou ne se sépareraient pas de lui comme d'une peste publique.

Pendant que Marsile de Padoue et Jean de Jaudun persécutaient, à Rome, l'évêque de Viterbe, lieutenant du pape, le clergé et les fidèles attachés au Saint-Siège, Jacques Colonna, chanoine de Latran, et le cardinal Jean des Ursins se chargeaient, au péril de leur vie, de publier partout les édits pontificaux.

Louis de Bavière, exaspéré, ne recula alors devant aucun excès.

Trois mois après son couronnement sacrilège, au milieu
d'une assemblée, il promulguait une loi traitant et vouant à
la mort comme coupables d'hérésie et de lèse-majesté ceux
qui résisteraient à son pouvoir.

Assis sur un trône élevé et magnifique, dans la splendeur
des ornements impériaux, entouré de prélats et de seigneurs,
il reçut tous les hommages souverains.

Alors, au milieu du silence qu'il imposa d'un geste, un
religieux augustin, nommé Nicolas de Fabriano, s'avança
jusqu'au pied du trône et cria d'une voix forte :

— Y a-t-il quelqu'un dans cette assemblée, qui veuille
prendre la défense du prêtre Jacques de Cahors, qui prend le
nom de pape Jean, XXIIe du nom ? Qu'il s'avance !

Trois fois il répéta cette demande, qui resta sans écho
comme bien on pense.

Le moine augustin s'assit et céda sa place à un abbé,
d'un ordre monastique d'Allemagne, qui prononça un discours
sur ce texte : « Le jour du salut s'est levé. »

Quand il eut fini, l'empereur fit lire un long réquisitoire
contre le pape :

« Elevé à l'empire par la volonté même de Dieu, pour
exterminer les méchants et protéger les bons, y était-il dit,
l'empereur ne pouvant plus tolérer les énormes crimes du
prêtre Jacques de Cahors, se disant pape sous le nom de
Jean XXII, il était venu à Rome, siège principal de
l'empire, pour y proclamer son pouvoir et soumettre les
rebelles.

» Il est, en effet, reconnu que leur révolte vient des
usurpations du prétendu pape et que l'impunité l'encourage
à de nouveaux attentats. Quels crimes n'a-t-il pas commis ?
Il a amassé des trésors immenses par des exactions violentes
sur toutes les églises et par la collation simoniaque des bénéfices à des clercs indignes, sous le faux prétexte de secourir
la Terre-Sainte, et, non seulement il est resté sourd aux

supplications des chrétiens opprimés par les Sarrazins, mais il a même détourné, pour les employer contre les Génois dévoués à l'empire, les vaisseaux que le roi de France envoyait pour secourir le roi d'Arménie. Il a engagé les ministres de la religion à s'armer du glaive des guerriers dont les saints canons leur interdisent l'usage ; il a profané le sacerdoce en faisant souiller de sang les mains des cardinaux ses légats, des évêques et des clercs ; il a fait prêcher la croisade contre les Romains, comme s'ils eussent été des infidèles et promis l'indulgence pour solde et pour récompense à la révolte et à l'homicide ; le pape n'est-il pas un faux pape, n'est-ce pas l'antechrist ou tout au moins un de ses précurseurs ? Il a violé tous les droits de l'empire ; il a usurpé le pouvoir temporel ; il s'est emparé des bénéfices qui sont la propriété des princes ; il a annulé des élections canoniques régulières ; il a déserté le siège de son autorité, Rome, la ville de la papauté.

» Pour ces raisons, l'empereur, étant chargé de la protection de l'Eglise et voulant suivre l'exemple d'Othon Ier, en usant de la puissance qu'il a reçue de Dieu, déclare Jacques de Cahors convaincu d'hérésie par ses écrits contre la pauvreté de Jésus-Christ et de lèse-majesté par ses injustes procédures, le dépose du siège de Rome par cette même sentence rendue de l'avis unanime du clergé et du peuple Romains, sur la requête de leurs syndics et d'après les instantes prières des princes et des prélats d'Allemagne et d'Italie, ainsi que d'une multitude d'autres fidèles.

» En conséquence, Jacques de Cahors, se disant le pape Jean, est de ce chef dépouillé de tout ordre, bénéfice et privilège ecclésiastiques et soumis à la puissance séculière des officiers de l'empire pour être puni comme rebelle et hérétique.[1] »

(1) Bareille, *Hist. de l'Église.*

Tel fut le monstrueux spectacle qui fut donné en ce jour à la ville éternelle et au monde catholique plus que jamais déchiré par les luttes anarchiques de l'empire contre le Sacerdoce, véritable chaos sur lequel planait l'esprit même de Satan.

L'intrépide chanoine Colonna eut le courage, quatre jours après cet attentat césarien et révolutionnaire, de s'introduire à Rome, porteur d'une Bulle pontificale excommuniant Louis de Bavière.

Sur la place Saint-Marcel, au milieu d'une multitude de Romains, il lut la bulle à haute voix, protestant au nom du clergé contre le césarisme de l'usurpateur et les pouvoirs faussement pris en cette affaire par de faux syndics, puisque les chanoines de Latran, de Saint-Pierre et de Sainte-Marie-Majeure, qui pouvaient seuls avoir ce titre, étaient sortis de Rome depuis plusieurs mois.

Puis il afficha la bulle à la porte de l'église sans opposition, enfourcha son cheval et sortit de Rome pour reprendre la route de Palestrine. Il était déjà hors d'atteinte quand Louis de Bavière, informé, fit vainement courir à sa poursuite.

Le lendemain paraissait un édit de l'empereur.

Le pape serait désormais tenu d'habiter Rome, sans pouvoir s'en éloigner de plus de deux journées de marche à moins d'une autorisation du clergé et du peuple et sans que sa curie puisse le suivre. Si le pape ne tenait pas compte de cette loi ou dépassait les limites du congé accordé, il serait de droit privé de sa dignité pontificale.

Quant au pape Jean XXII, par ordre de l'empereur et comme convaincu des crimes de lèse-majesté et d'hérésie, son effigie fut solennellement brûlée par la main du bourreau.

Tel était, hélas! après quatorze siècles de christianisme, ce monde pour lequel Jésus-Christ avait donné son sang, ce monde auquel il avait dit, dans la personne de ses Apôtres : « Recevez ma paix, je vous donne ma paix! »

Pendant ce temps là, Charles-le-Bel mourait et Frédéric d'Autriche croyait le moment venu d'agir auprès de Jean XXII pour recevoir de lui la véritable couronne du saint empire romain d'Occident.

Mais Louis de Bavière n'allait pas en rester là et il allait créer un antipape.

Le jour de l'Ascension, 12 mai, revêtu de tous les insignes impériaux, il se rendit à Saint-Pierre, accompagné de sa cour et d'un grand nombre de clercs et de religieux en fendant les flots d'une grande foule qui environnait l'auguste basilique au sommet des degrés du portique de laquelle était dressé un trône superbe sur lequel s'assit cet antechrist césarien ; à ses côtés et sous le même dais, il fit asseoir un religieux franciscain nommé Pierre Rainalducci qu'il avait résolu de créer souverain pontife.

Un religieux augustin nommé Nicolas de Fabriano, prit alors la parole et fit un discours violent après lequel l'évêque déposé de Venise, Jacques Albertin, demanda par trois fois au clergé et au peuple :

— Voulez-vous accepter pour pape, l'élu du puissant empereur, frère Pierre Rainalducci?

Un air de désappointement assombrit un instant la foule qui eut voulu un Romain, mais la crainte l'emporta sur le mécontentement et elle acclama la créature impériale.

Jacques Albertin lut alors le décret d'élection puis l'empereur salua l'intrus du nom de Nicolas V, lui passa au doigt l'anneau pontifical, le revêtit de la chape et entra avec lui dans la vieille basilique où la messe fut solennellement célébrée.

Cette sacrilège parodie ne devait pas s'arrêter là.

Le 17 mai, Louis de Bavière sortit de Rome pour y rentrer en grande pompe le jour de la Pentecôte célébrer la double solennité de son propre couronnement et du sacre de son pape.

Celui-ci l'attendait sur les degrés de la basilique du Latran, entouré des cardinaux qu'il venait de créer et l'on vit cette chose inouïe et bien digne de ce temps et de ces hommes : ce prétendu empereur couronna lui-même son prétendu pontife qui lui rendit ensuite le même service, puis l'évêque intrus d'Ostie sacra le pontife intrus qui, à son tour, sacra l'empereur intrus.

De ce jour, Nicolas V se prit tout à fait au sérieux, créa des cardinaux, nomma des gouverneurs, des légats, des nonces et envoya des bulles.[1]

Le ridicule et la misère guettaient, il est vrai, le pseudo-pontife quoiqu'il jouit d'une certaine réputation de vertu, de science et d'habileté en affaires.

Naguère engagé dans les liens du mariage, il était entré dans l'Ordre des Frères Mineurs sans le consentement de son épouse exigé par les lois canoniques. Celle-ci, toutefois, semblait l'avoir oublié depuis longtemps lorsque, tout à coup, sitôt connue son intrusion sur le trône pontifical, elle reparut sur la scène; ce fut pour présenter à l'évêque de Rieti une requête en vue d'obtenir, comme c'était son droit, sans doute, que son mari fut condamné à venir la rejoindre.

Assurément, elle n'avait pas imaginé à elle toute seule ce coup de théâtre; il avait été organisé en vue de compromettre et de rendre impossible la situation de l'intrus vis-à-vis de tous ceux qui, quoique partisans de Louis de Bavière, conservaient encore quelque respect pour le titre auguste usurpé par Pierre Rainalducci.

L'évêque de Rieti, fit, en effet, un procès en bonne forme

(1) La prophétie des papes, de saint Malachie, désigne le pseudo Nicolas V sous la devise : *Corvus Schismaticus, le corbeau schismatique.* Il y a là encore un jeu de mots. Pierre Rainalducci était appelé aussi Pierre de Corbière ou Gorbara parce qu'il était natif de ce pays ainsi que la femme qu'il avait jadis épousée avant de la quitter illégitimement et illégalement pour se faire moine. Le mot *corbeau* indique aussi la voracité de ce loup déguisé en pasteur pour ravager l'Église.

et rendit un jugement portant que nulle cause légitime de séparation ne pouvant être invoquée par Pierre Rainalducci, qui se disait pape Nicolas, il était condamné à rejoindre sa femme Jeanne Mattei.

Les actes du procès furent aussitôt envoyés au pontife légitime Jean XXII qui en adressa copie à tous les princes catholiques.[1]

Pierre Rainalducci était, en outre, lorsqu'il était moine, un des plus ardents apôtres de la pauvreté absolue, telle que la prêchaient les fratricelles, condamnant avec violence les richesses et les honneurs dont jouissaient les prélats. A peine intrus sur le siège pontifical, il organisa une curie et un train de maison fastueux, contradiction singulière mais bien ordinaire à ces sortes de gens dont l'austérité apparente cache une envie profonde des biens qui leur manquent.

Louis de Bavière n'était pas assez riche pour subvenir longtemps à une telle dépense ; aussi l'antipape fut-il bientôt réduit à pratiquer la simonie sur une grande échelle.

Louis de Bavière continua à batailler en Italie et à la guerre des armes s'ajouta une guerre d'anathèmes entre Rome et Avignon, le faux pape et le vrai pape.

Cette sacrilège tragi-comédie, cependant, devait avoir une fin, car on ne bâtit rien de bien solide avec des rêves, sans autre point d'appui qu'un vague espoir sur un avenir incertain et les sourires plus problématiques encore de la fortune, si aveugle soit-elle.

Un autre Canossa attendait Louis de Bavière et son antipape. Bientôt une réaction se fit en faveur de la papauté légitime, en Italie et surtout dans les cités lombardes.

Les affaires de Louis de Bavière allaient très mal, ses insuccès se multipliaient et son trésor se desséchait à vue

---

(1) Bareille, *Hist. de l'Église*, d'après saint Antonin; Jean Villani et la plupart des chroniqueurs du temps.

d'œil. L'antipape en était réduit à se tenir caché dans un
château ami sous la protection du comte Boniface Novelli,
un des plus puissants citoyens de Pise.

Mais, à la cour d'Avignon, on était instruit de toutes ces
choses et Jean XXII avait aussitôt donné l'ordre à l'archevêque de Pise et aux évêques de Florence et de Lucques de
se saisir de Nicolas.

Boniface Novelli nia d'abord que l'antipape fut en son
pouvoir, mais les menaces de l'évêque de Lucques l'intimi-
dèrent et il livra son protégé sous condition que celui-ci
aurait la vie sauve et une rente viagère.

L'antipape lui-même, voyant tous ses horizons désormais
fermés se résigna à écrire au Pape pour lui témoigner son
repentir et lui dire qu'il était prêt à renoncer publiquement
et partout à toutes ses sacrilèges prétentions.

Jean XXII lui écrivit pour l'exhorter à persévérer dans
son repentir et à venir sans tarder à Avignon.

Avant de partir de Pise, Pierre Rainalducci fit une abjuration publique, le 25 juillet 1330, devant l'archevêque que
le Pape avait chargé de l'absoudre de ses censures. De là il
fut amené à Avignon, déguisé en séculier par crainte de
l'exaspération du peuple qui le maudissait partout.

Le 25 août, vêtu de l'habit franciscain et la corde au cou,
il monta sur un échafaud dressé afin que tout le monde put
le voir et là, prenant pour texte ces paroles de la parabole de
l'enfant prodigue : « Mon père, j'ai péché contre le ciel et
contre vous », il commença une confession publique de ses
égarements.

L'émotion et la fatigue lui coupèrent bientôt la parole et,
descendant de son échafaud, il vint se jeter aux pieds du
Pape qui le releva, lui ôta la corde du cou et l'admit au
baiser de paix.

Le 6 septembre, Pierre signait, dans un consistoire
secret l'acte authentique de son abjuration et était réconcilié

avec l'Eglise. Le Pape, toutefois, ordonna qu'il restât gardé
à vue dans une chambre du palais où, trois ans après, il
devait mourir, obscur et pénitent.

Pendant ce temps là, Louis de Bavière lui-même négo-
ciait sa réconciliation avec l'Eglise; il offrait toute obéissance
mais à la condition de conserver l'empire.

— Il ne saurait convenir à l'Eglise, répondit Jean XXII,
d'avoir pour empereur un homme justement condamné
comme fauteur d'hérétiques et hérétique lui-même; en pré-
tendant garder l'empire, Louis de Bavière se montre par là
même impénitent et indigne d'absolution. Il n'a aucun droit
à l'empire à présent puisque sa condamnation l'a déchu de
celui qu'il pourrait invoquer; enfin il ne peut reconquérir
ce droit par une réélection puisqu'étant notoirement tyran,
sacrilège et excommunié il est, de ce chef, inéligible.

Mais Louis de Bavière avait, pour partisan des princes
catholiques comme le roi Jean de Bohème, contre lesquels
Jean XXII n'osait prudemment procéder.

Jean XXII allait mourir sans avoir vu s'établir une paix
impossible en ces temps si troublés.

Le dernier acte de sa vie fut un acte théologique assez
singulier et qui touche de près à cette accusation d'hérésie
tant exploitée contre lui par ses ennemis.

Il avait enseigné naguère, et il n'était pas le seul, que le
bonheur des justes, dans le ciel, consistera, tant que le jugement dernier ne sera pas un fait accompli, à contempler
l'humanité de Jésus-Christ sans jouir encore de la vision
béatifique qui est la vision de Dieu face à face.

Philippe de Valois se trouva scandalisé de cette doctrine
et défendit de l'enseigner dans les écoles de Paris où le
général des frères mineurs, Géraud Eudes compatriote de
Jean XXII avait voulu la répandre, sans doute pour opposer
un peu de précision aux spéculations nébuleuses de l'école.

Cette tentative avait même provoqué un violent scandale.

Le roi avait fait appeler Géraud en présence de dix docteurs en théologie parmi lesquels trois franciscains qui, tous, s'écrièrent que cette doctrine était hérétique.

Géraud Eudes était alors légat du pape en compagnie du dominicain Amand qui tous deux étaient envoyés au-delà de la Manche pour négocier la paix entre l'Angleterre et l'Ecosse.

Ils protestèrent avec indignation contre un pareil avis, affirmant que les théologiens interprétaient la doctrine du Pape à faux et dans un sens qui n'était pas du tout dans sa pensée.

Philippe de Valois, alors, assembla un concile formé de tous les docteurs en théologie, évêques et abbés présents à Paris, qui menacèrent Géraud de l'Inquisition et définirent, dans un acte authentique daté du 2 janvier 1334. que les saints jouissent aussitôt après leur mort, dans le ciel, de la vision intuitive qui consiste à voir Dieu face à face et que cette vision est la même avant qu'elle sera après le jugement dernier.

Copie de cet acte fut envoyée aussitôt à Jean XXII qui humblement y adhéra aussitôt pleinement et entièrement, révoquant même expressément tout ce qu'il avait dit qui parut être contraire à cette doctrine.

Enfin, la veille de sa mort, le 3 décembre 1334 il ordonna qu'on lut en consistoire une autre déclaration écrite sous sa dictée et dans laquelle il disait :

« Nous confessons et croyons que les âmes des saints, dans le ciel, voient Dieu, l'essence divine, clairement et face à face; si nous avons dit on écrit quelque chose de contraire, nous le révoquons et le soumettons au jugement de l'Eglise et de nos successeurs.[1] »

Ainsi mourut à quatre-vingts ans, après un règne de dix-neuf ans, ce pape dont le pontificat fut rempli par des

(1) Bareille, *Hist. de l'Eglise*. D'après Jean Villani, Ptolémée de Lucques etc... etc...

difficultés et des travaux qui eussent effrayé un homme jeune et vigoureux. Il laissait dans le trésor de l'Eglise, qu'il avait trouvé vide, près de vingt millions de florins en monnaie et pour plus de sept millions de florins en pierreries et objets précieux de toutes sortes.[1] On a pu reprocher à Jean XXII un faste immense et un népotisme assez caractérisé, mais on doit reconnaître que de sa personne même il était frugal, accueillant, pieux et studieux.

Trois jours après, les officiers du roi de Naples enfermaient en conclave dans ce même palais d'Avignon où Jean XXII venait de mourir, les vingt-quatre cardinaux présents à la cour pontificale en les sommant de procéder à la prompte élection de son successeur.

---

(1) Ces vingt sept millions de florins représentent environ 325 millions de francs de notre monnaie, s'il n'y a pas exagération. En tout cas, l'imagination de son temps fut si frappée de cette colossale fortune amassée en si peu de temps que l'on prétendit que Jean XXII avait trouvé la pierre philosophale ou moyen de faire de l'or à volonté.

Puis il afficha la Bulle à la porte de l'église sans opposition. (P. 49.)

V

CATHERINE.

Pendant que le monde était ainsi agité, tandis que la barque de Pierre était amarrée sur une rive étrangère, loin de Rome, la haute mer où elle aurait dû flotter, Dieu, par d'admirables moyens, préparait à Sienne une prophétesse pour son Eglise bouleversée et conduisait, pas à pas, la douce et énergique Catherine, vers les sommets de la sagesse.

Son père, le bon Jacopo, était mort, à la grande douleur de Catherine et malgré ses ardentes prières au ciel. Elle fut plus heureuse en faveur de sa mère tombée, peu de temps après, gravement malade et, dont elle obtint le retour inespéré à la santé.[1]

Catherine avait trente ans et tous ses efforts, pour apprendre à lire et à écrire, étaient restés infructueux; de sorte, qu'elle était obligée de dicter les lettres qu'elle envoyait déjà en nombre considérable.

Elle était à vingt trois milles de Sienne, dans la vallée de l'Orcia, à la *roca di Tentennano*, chez la pieuse veuve d'un

(1) La résurection, même, dit la légende.

des membres de l'illustre famille des Salimbeni et l'on était au temps de l'Avent, lorsqu'un jour elle eut une extase, à la suite de laquelle elle s'aperçut qu'elle savait écrire.

Avide de solitude, elle ne paraissait même pas à la table et mangeait seule, un peu de pain pour toute nourriture.

Son chagrin fut grand lorsque, dans une extase, elle reçut cet ordre :

— Renonce désormais à ta vie solitaire, mange avec les autres et mêle-toi à la société du monde.

Elle se récria tout d'abord sur un tel ordre, qui lui semblait l'anéantissement de sa vocation spirituelle ; mais la même voix céleste lui dit :

— C'est vanité de résister et de te demander comment une femme obscure pourra être utile aux hommes par l'exemple ou la doctrine. Je puis accomplir tout ce que peut comprendre l'intelligence, et les moyens sont à moi ; des pierres les plus dures, Dieu peut faire naître des enfants d'Abraham, comme l'a écrit mon disciple bien aimé.

« Sache donc, ma chère fille, que l'orgueil des enfants du monde, et surtout de ceux qui se prétendent des sages et des docteurs, est arrivé à un tel excès, que ma justice ne peut plus le supporter. Mais ma miséricorde est toujours vivante dans mes œuvres, et je leur ai préparé un remède salutaire s'ils l'acceptent humblement.

» Le châtiment qui convient à leur orgueil est la confusion ; aussi, je veux que ces prétendus sages et docteurs, soient humiliés et confondus en voyant des créatures qu'ils regardent avec dédain, de pauvres femmes fragiles, sans science, sans habileté humaines, devenir par la charité, riches de vrai savoir, capables de vaincre leur méchanceté et d'humilier leur orgueil audacieux. »

— Que votre volonté soit faite, répondit humblement Catherine, Vous êtes lumière et je suis ténèbres, ou plutôt Vous êtes, Seigneur, et moi je ne suis pas.

Dès lors, Catherine ne douta pas que mission venait de lui être donnée de porter remède aux scandales de l'Eglise.

Cette conviction ne la détourna pas des œuvres les plus humbles de la charité; loin de se croire devenue un docteur, elle se considéra, au contraire, comme une servante et un simple instrument, bien plus, comme une pécheresse en grande partie responsable de ces maux même qu'elle devait déplorer et soulager.

La ville de Sienne était en révolution, comme la plupart des villes de l'Italie à cette époque, véritables volcans aux soubresauts perpétuels et convulsifs qui, chaque mois, vomissaient un gouvernement et en engloutissaient un. On pouvait appliquer à Sienne ce reproche que Dante faisait à Florence : « Tu bâtis si légèrement, que ce que tu établis en octobre n'existe plus en novembre. »

Catherine se tourna d'abord vers les plaies saignantes de sa patrie, avide d'y verser le baume de la paix. Elle se révèle conseillère d'état, et se met en relations suivies avec les membres du gouvernement de sa ville natale. Elle les accable de lettres individuelles ou collectives, adressées tantôt au capitaine du peuple, dépositaire du pouvoir suprême, tantôt au podestat, maître de la justice, tantôt aux sénateurs ou aux magnifiques seigneurs, défenseurs de la cité de Sienne. D'ailleurs, à qui n'écrit-elle pas, pour prêcher la paix et la justice et pour en enseigner les voies avec une philosophie admirable !

Hélas! les rayons de cette douce étoile brillaient sur cette tempête sans apaiser les flots. Comme dans toutes les républiques anarchiques livrées aux fureurs des tyrans soupçonneux et éphémères, l'ostracisme inondait les échafauds du sang des citoyens, versé sous les prétextes les plus arbitraires. Tout suspect était impitoyablement mis à mort et l'acte le plus insignifiant pouvait rendre n'importe quel citoyen suspect à la faction régnante, d'autant plus féroce, qu'elle sentait son règne plus éphémère.

Un jour on condamna à mort et on décapita un citoyen de Sienne, nommé Agnolo de Andria; son crime était d'avoir donné à plusieurs de ses amis, dans sa maison de campagne, un banquet auquel il n'avait pas convié un seul des tyrans de Sienne.[1]

Une autre fois, c'est un jeune homme, Nicolas Tuldo de Pérouse, qu'atteint la même sentence sous l'accusation d'avoir excité ses amis de Sienne à secouer le joug odieux de leurs tyrans.

Quand on annonça sa sentence à ce jeune infortuné, son âme juvénile fut en proie aussitôt au plus sombre désespoir et à une rage indescriptible. Il se répandit en imprécations furieuses contre ces êtres infernaux qui brisaient ainsi la fleur de sa jeunesse; il maudit la terre, il maudit le ciel, il blasphéma Dieu lui-même!

En vain, des prêtres vinrent à lui, s'efforçant d'adoucir cette épouvantable agonie mentale, plus horrible que l'agonie du corps; il ne voulut rien entendre.

— Ah! lui dit l'un d'eux, je comprends votre impuissance; ce qu'il vous faudrait, en ce moment, c'est la compassion d'une sœur, c'est le cœur d'une mère! Catherine seule est capable de vous aimer assez pour vous rendre la foi, la charité et l'espérance en Dieu.

— Catherine!... balbutia le jeune homme, Catherine!...

Un rayon d'espérance était entré dans son cœur; aussitôt, on envoya chercher la douce et célèbre vierge qui s'empressa d'accourir.

Elle-même raconta à son confesseur, dans une lettre, son tragique et divin succès :

« J'allai voir celui que vous savez, dit-elle, et il reçut

____

(1) Malavolti, *Hist. de Sienne.*

tant de force et de consolation, qu'il se confessa dans les meilleurs sentiments et me fit promettre, pour l'amour de Dieu, de me trouver près de lui au moment où s'accomplirait le terrible arrêt de la justice humaine ; je le lui promis et je l'ai fait.

« Le matin de ce jour-là, je me rendis près de lui, avant que la cloche eut sonné, ce qui le calma beaucoup ; je le menai entendre la messe, et il reçut pour la première fois, la divine Eucharistie. Sa volonté s'était soumise et unie à la volonté divine, il ne craignait qu'une chose, c'était de manquer de force au suprême moment ; mais Dieu, dans son infinie bonté, lui inspira un tel amour de sa présence et un tel désir de sa possession, qu'il avait hâte d'aller à lui.

» — Reste avec moi, Catherine, me disait-il, ne m'abandonne pas, et je serai toujours bien, je mourrai content.

» Puis, il appuya sa tête sur ma poitrine et j'éprouvai une indicible joie, et je sentis comme un parfum de son sang mêlé à l'odeur du mien, que je désire répandre pour le doux époux Jésus. Ce désir croissant dans mon âme qui vivait les angoisses de la sienne, je lui dis :

» — Prends courage, mon doux frère, car les noces éternelles sont prochaines ; tu t'y présenteras baigné dans le sang du Fils de Dieu, ayant sur tes lèvres le doux nom de Jésus ; je ne veux pas qu'il sorte un seul instant de ta mémoire ; je t'attendrai au lieu de la justice.

» Son cœur perdit alors toute crainte, son visage passa de la tristesse à la joie, il tressaillit d'allégresse et me dit :

» — D'où me vient cette grâce insigne, que la douceur de mon âme aille m'attendre au saint lieu de la justice ?

» Vous le voyez, une bien grande clarté s'était faite dans son âme puisqu'il appelait saint le lieu de la justice, et il ajoutai :

» — Oui, j'irai plein de courage et de joie, et quand je

pense que vous y serez, il me semble que j'ai encore mille années à attendre!

» Il disait encore bien d'autres choses, si douces qu'elles témoignaient bien de la bonté de Dieu.

» Je me rendis donc au lieu de l'exécution et je l'attendis en priant et en invoquant sans cesse la très sainte Vierge Marie et sainte Catherine, vierge et martyre. Puis avant qu'il fut arrivé, je me baissai et je plaçai mon cou sur le billot, mais je n'obtins pas ce que je désirais de toute mon âme.[1]

» Je priais et je suppliais Marie avec ardeur et je lui disais que je voulais, au moment suprême, cette double grâce : pour lui la lumière et la paix du cœur, et pour moi le bonheur de le voir entrer dans sa fin suprême, la félicité éternelle. Mon âme, alors, était si divinement remplie, que je n'apercevais personne, bien que je fusse au milieu d'une multitude.

» Enfin, il arriva, comme un agneau plein de douceur; il se mit à sourire en me voyant et voulut que je fisse sur lui le signe de la croix. Je le fis et je lui dis :

» — Va, mon doux frère, aux noces éternelles, jouir de la vie qui ne finit jamais.

» Alors il s'étendit avec une grande mansuétude; je lui découvris le cou, et, m'inclinant vers lui, je lui rappelai le sanglant sacrifice de l'Agneau divin. Sa bouche ne savait que répéter :

» — Jésus! Catherine!...

» Il répétait encore ces mots lorsque je reçus sa tête dans mes mains. A cet instant, j'arrêtai mon regard sur la Beauté Divine en disant :

(1) On ne sait ce que veut *dire* ici Catherine par ces paroles qui sont restées énigmatiques. Peut-être s'offrait-elle en victime volontaire pour ce jeune homme, pour sa patrie, pour l'Église?

« — Je veux !... »

Que voulait donc Catherine avec cette énergie intérieure qui, chez les saints, force les montagnes à bondir et le ciel à s'ouvrir?

Elle voulait voir l'âme de Tuldo s'envoler au ciel, emportée sur les blanches ailes de l'immuable amour. Et elle le vit, comme elle le rapporte elle-même en terminant sa touchante lettre.

Hélas! tant de sang versé sur cette terre embrasée par les passions n'en éteignit pas le feu. Dans ces cœurs, encore jeunes et encore barbares, la grâce même du sacerdoce était souvent impuissante à faire s'épanouir la paix si chère au divin amour de Jésus-Christ.

Catherine connaissait de ces prêtres et elle écrivait à l'un d'eux :

« Sommes-nous donc des bêtes brutes sans raison? Hélas! je m'aperçois que oui, non quant à l'être que Dieu nous a donné, mais quant à nos mauvais penchants. L'orgueil du cœur de l'insensé est si grand qu'il s'en laisse posséder, et ne veut s'humilier ni devant Dieu ni devant la créature; c'est pourquoi, si une injure lui est faite, il se refuse à pardonner. Je vous demande, en grâce, et par miséricorde, de faire la paix avec votre ennemi; je le veux. Quelle honte de voir une haine mortelle entre deux prêtres! c'est vraiment un grand miracle que Dieu ne commande pas à la terre de s'entr'ouvrir pour vous engloutir tous les deux! »[1]

Elle réconcilia de même les Rinaldi et les Tolomei, deux nobles familles qui étaient mortellement brouillées, depuis des années, avec les Maconi qui appartenaient aussi à l'aristocratie Siennoise.

Catherine changea ainsi, l'âme de plus d'un redoutable

____

[1] Lettre 47e à Messire Pierre, prêtre de Semignano, petite ville près de Sienne.

seigneur à la haine tenace, à la dague prompte et ténébreuse
autant qu'acérée; elle arrêta des séries de forfaits, dont la
chaîne séculaire se recommandait de la vengeance réciproque,
perpétuelle et implacable.

— Quelle vertu m'attire et me retient! s'écriait un de
ces farouches seigneurs, Vanini di ser Vanni, quelle puissance m'enlace et me serre ainsi? D'où vient la suave douceur
qui m'enivre l'âme à la seule pensée du pardon? quelle femme
est donc cette Catherine à laquelle je n'ai pas la force de
refuser quelque chose?

— Ah! répondit Catherine, je t'ai parlé et tu ne m'as pas
écoutée; alors j'ai parlé à Dieu lui-même, et te voilà changé,
tellement changé que je te défie maintenant de haïr, tu ne le
pourrais plus!...

Son âme pieuse ne cessait de gémir sur les désordres
inouïs dont elle était témoin.

— Hélas! s'écrie-t-elle en voyant un franciscain nommé
évêque de Sienne, et qui refusait de réformer les abus qui
désolaient son troupeau et même de le gouverner, de quelque
coté que je tourne mon regard, je ne saurais les reposer en
paix. Ce qu'est devenue Rome, les autres villes et surtout la
nôtre le sont également devenues! De ce qui est le temple de
Dieu, le lieu de la prière, les hommes ont fait une caverne
de voleurs, avec tant de misère qu'il est étonnant que la terre
ne les engloutisse pas.[1] »

Une fois de plus, la peste, cette horrible calamité si
fréquente au moyen-âge, s'abattit sur Sienne et y fit les plus
affreux ravages. Catherine, avec une ardente charité, passait
son temps à secourir les pestiférés, à les consoler, à adoucir
les affres de leur terrible agonie. En même temps, elle
invitait tout le monde à la pénitence, s'élevant hautement
contre la folie de ceux qui prétendaient trouver dans

____

[1] Sainte Catherine, *Lettre 17e*.

l'insouciance, les plaisirs, les excès et la débauche, une immunité contre la contagion.

Non seulement elle soignait les malades, mais elle allait jusqu'à poser ses lèvres sur des plaies épouvantables pour vaincre en elle les dernières répugnances de la nature.

Sans cesse en voyage, soit qu'elle portât partout les bienfaits de sa charité, soit qu'elle se proposât de vénérer de saints tombeaux ou de visiter de pieux sanctuaires, les miracles qui éclataient partout sur ses pas avaient fait d'elle déjà la femme la plus célèbre de l'Italie.

Sa réputation allait s'étendre bien davantage encore et porter des fruits d'un caractère plus universel.

VI

En Avignon, la majorité française du Sacré Collège avait déjà jeté les yeux sur un cardinal français, le cardinal de Comminges, et lui avait tenu cet étrange langage :

— Prenez l'engagement formel de ne pas aller à Rome, et nous vous donnons toutes nos voix, vous serez pape.

Mais le cardinal de Comminges avait répondu d'un ton ferme et presque indigné :

— Gardez donc vos suffrages pour un autre; je suis tellement convaincu que le séjour des Papes hors de Rome est un grand danger pour la papauté, que plutôt que de prendre un pareil engagement je préférerais renoncer au cardinalat lui-même!

En écartant les intrigues qui s'agitaient autour de son nom, cette digne réponse eut l'avantage d'accorder toutes les voix sur Jacques Fournier plus ordinairement appelé Jacques de Nouvel et surnommé le cardinal blanc parce qu'il avait été religieux de Citeaux et n'avait pas voulu quitter l'habit cistercien pour revêtir la pourpre cardinalice.

C'était un homme dont le mérite propre avait fait la fortune. Il était issu d'une obscure famille et avait vu le jour à Saverdun dans le comté de Foix.

Il avait été abbé de Fontfroide, docteur de l'Université de Paris, puis évêque de Pamiers, évêque de Mirepoix et cardinal.

Lui aussi était dans les mêmes sentiments que le cardinal de Comminges concernant Rome et le rétablissement du siège apostolique dans la ville éternelle.

Le 8 janvier 1335, il était couronné et sacré sous le nom de Benoît XII.[1]

Dès le lendemain, cet homme austère annonça qu'il allait travailler énergiquement à la réforme des désordres et des abus du clergé.

Tout d'abord, puisant dans les coffres de Jean XXII, il envoya à Rome cinquante mille florins destinés à réparer les églises et les palais abandonnés qui menaçaient ruine depuis le départ de la cour pontificale et, pour engager les cardinaux à l'approuver dans son projet de retourner à Rome, il donna au Sacré-Collège cent mille florins pour les frais de son déplacement éventuel.

Cette largesse, d'ailleurs bienvenue, devait être inutile. Selon l'usage, les suppliques affluaient, implorant les faveurs du nouveau pontife.

— Nous n'en recevrons aucune, déclara Benoît, avant de connaître exactement le mérite et l'état de fortune des solliciteurs, car nous voulons bannir la cupidité et la simonie et ne concéder aucun bénéfice aux clercs qui ont des revenus suffisants pour vivre honorablement. Nous laisserons plutôt des places vacantes que de les remplir par des sujets incapables ou vicieux.

(1) La prophétie de saint Malachie désigne Benoît XII sous la devise : *Frigidus Abbas,* l'Abbé Froid. Le mot *frigidus* fait allusion au monastère de Fontfroide et aussi à l'état maladif de l'Eglise à cette époque; il désigne encore l'austérité des mœurs du pape Benoît XII et aussi le peu de zèle qu'il montra pour ramener à Rome la papauté quoique ce fut son désir. Il contribua, au contraire, à la fixer à Avignon, en continuant à créer des cardinaux presqu'exclusivement français et en faisant construire sur le rocher des Doms le palais des papes dont il acheva toute la partie septentrionale.

La cour pontificale était alors le rendez-vous d'une foule oisive de prélats et de clercs qui n'avaient aucun motif légitime d'y séjourner. Il tint un consistoire pour leur intimer l'ordre de retourner à leurs postes dans le plus bref délai.

Jean XXII était mort, laissant l'Eglise et l'empire en état de guerre et de division; Benoît songea aussitôt à modifier cet état de choses et à employer la bienveillance et la douceur vis-à-vis de Louis de Bavière pour y parvenir plus sûrement.

Un instant on put croire, en effet, qu'un accord était proche. Mais une solution si simple était bien loin de cadrer avec le chaos politique qui empoisonnait la vie de l'Europe chrétienne.

Toutes les négociations étaient sur le point d'aboutir, et Louis de Bavière, à qui le pape aurait consenti sans doute à laisser l'empire, se déclarait, par la bouche de ses ambassadeurs, prêt à révoquer tout ce qu'il avait fait contre Jean XXII et à donner entière satisfaction à l'Eglise, lorsque Philippe de Valois, intéressé à ce que l'accord ne se fît pas, arriva, par toutes sortes d'intrigues, à détacher de Louis de Bavière la plupart des princes qui l'appuyaient et à faire changer d'avis le Pape lui-même.

Les cardinaux, en effet, gagnés au roi de France, furent d'avis qu'il serait imprudent de blesser tant de princes pour favoriser un usurpateur abandonné de ses partisans eux-mêmes.

La querelle théologique sur la « vision béatifique » n'étant pas encore apaisée, Benoît XII en prit prétexte pour suspendre les négociations entre lui et l'empereur, obligé qu'il était, disait-il, de se consacrer entièrement pendant plusieurs mois à l'étude de tous les textes scripturaires capables d'éclairer les docteurs sur cet important sujet.

Et en effet, il se renferma pour cet objet au château de Pont de Porgues d'où il publia, le 29 janvier 1336, une bulle qui décidait la question dans le sens orthodoxe et catholique.

A Rome, cependant, on réclamait à grands cris le Pontife et le rétablissement du siège apostolique; les Romains envoyèrent à ce sujet à Avignon une solennelle ambassade.

Benoît reçut bien les ambassadeurs de la ville éternelle et leur fit espérer que bientôt leur vœu qui était aussi le sien serait réalisé. Toutefois, il ne voulut prendre aucun engagement formel ni désigner pour l'accomplissement de ce grand acte aucune date précise.

Benoît XII ne voulait, en effet, quitter Avignon qu'après s'être entendu avec les princes chrétiens et surtout avec les rois de France et de Naples.

Cette entente n'allait pas pouvoir se faire. Les rois avaient trop d'intérêt à l'abaissement de la papauté. D'autre part, les cardinaux refusaient de quitter le séjour paisible d'Avignon pour retourner dans cette Rome pleine de factions, sans cesse bouleversée par les séditions et les troubles.

Benoît XII finit par se ranger à leur avis et, pour ne pas paraître abandonner tout à fait son projet et manquer complètement à ses promesses, songea à aller établir le siège pontifical à Bologne.

Il envoya même des nonces sonder les dispositions des Bolonais, qui ne furent pas trouvées favorables. Enfin, Benoît renonça tout à fait à quitter Avignon et se mit à y affermir, au contraire, comme pour des siècles, le trône pontifical.

Jean XXII avait commencé, sur le rocher des Doms, la construction d'un palais sur un plan gigantesque qui embrassait une ancienne église dédiée à Saint-Etienne et l'ancien palais épiscopal. Benoît XII trouva ce plan insuffisant à son gré.

Il fit démolir tout ce qu'avait fait édifier Jean XXII et commença l'édification d'un nouveau palais qui devait être

en même temps une redoutable forteresse féodale, dont
l'achèvement demandera trente quatre ans de travaux
ininterrompus.

Déjà, sur le rocher, se trouvait la vieille cathédrale,
Notre-Dame des Doms, dont l'origine est fort obscure.

La légende rapporte que sainte Marthe, l'une des saintes
femmes, ayant passé la mer, vint mener une vie de pénitence
dans une grotte solitaire, à Avignon, et construisit la primitive basilique.[1]

L'empereur Constantin aurait, plus tard, fait rebâtir
cette église ruinée et les Sarrazins auraient, à leur tour,
détruit l'œuvre de Constantin que Charlemagne aurait fait
reconstruire. Elle aurait reçu successivement les noms
d'église de la Sainte-Vierge, puis de Saint-Jean, puis de
Saint-Etienne et enfin, au XIVe siècle, de Notre-Dame
des Doms.

Toutes ces traditions sont incertaines et l'archéologie
même ne comprend rien à ce monument avec son portique
couvert, d'origine romaine, surmonté d'un fronton dont
l'inclinaison indique une période primitive inspirée encore
de l'antiquité. L'entablement, mal proportionné, décoré de
détails copiés de l'architecture romaine, qui soutient le
fronton percé d'un trou circulaire, est supporté par deux
colonnes corinthiennes engagées dans les angles du porche
et qui paraissent d'origine païenne et romaine. La porte, en
arcade, analogue à celle de l'arc de triomphe d'Orange, la
corniche du soubassement du clocher, copiée sur celle du
théâtre d'Orange et l'ordre de colonnes tout à fait romain qui
décore ce soubassement font penser justement que cette
construction est plutôt du XIe siècle et de la période qui a
précédé l'art roman auquel appartient l'intérieur de l'Eglise

---

(1) La critique contemporaine a démontré l'inanité historique de ces pieuses légendes,
en contradiction, d'ailleurs, avec les chroniques de Grégoire de Tours.

Les Romains envoyèrent à Avignon une solennelle ambassade. (P. 71.)

dont l'abside et les chapelles latérales datent du XIV⁰ siècle.
Tandis que la voûte la plus ancienne est ogivale et en
berceau, les arceaux des murs latéraux et les fenêtres sont
en plein cintre. Les architectes de cette église auraient,
dit-on encore, utilisé dans sa construction des restes d'un
temple d'Hercule.

C'est à côté que Benoît XII éleva le formidable et grandiose château des Papes qu'entreprit Pierre Obreri, le Vauban
de cette époque.

Flanqué de sept grandes tours appelées Trouillas, l'Estra-
pade, Saint-Jean, la Campane, Saint-Laurent, Lagache et la
tour des Anges, le palais avait des proportions énormes. Au
nord, un corps de logis enfoncé profondément dans l'angle et
surmonté d'une tour. Dans le fond, les prisons de l'Inquisition et la tour Saint-Jean. Derrière cette masse, une
immense muraille reliant la citadelle à la cathédrale, puis la
tour de Trouillas couronnant un abîme.

A l'est, une façade présentant un assemblage irrégulier
mais pittoresque de tours et de courtines. Au midi, tout
l'édifice élevé à pic sur le roc vif dans lequel est creusé un
étroit sentier qui permet d'en raser les murs soutenus par un
immense arc-boutant.

A l'ouest, c'est la forteresse dans son aspect le plus
imposant, avec son entrée presque souterraine, ses brèches
et ses voûtes surbaissées.

Rien de plus étrange que le caractère de cette construction
aux choquantes irrégularités avec ses tours qui ne sont pas
carrées, ses fenêtres sans alignement aucun, son absence
d'angles droits, ses communications tributaires d'innombrables circuits interminables et compliqués; ces grandes
façades nues, ces profils sévères, cet entassement désordonné
de tours et de donjons, c'est le génie romain mêlé au génie
féodal, l'un et l'autre mariant leurs forces écrasantes.

Forteresse au dehors, ce palais l'est davantage encore

au-dedans. La grande cour est entièrement dominée par des
tours et par de hautes courtines. Maître de la porte et de
cette cour, la victoire de l'assaillant n'eût été rien encore.
Un siège est fini, il faut en commencer un autre, emporter
une à une de nombreuses défenses jusqu'à la dernière tour
qui conduit à la retraite que le pape assiégé a pu choisir
comme la dernière et la plus sûre. La porte est brisée, voici
l'escalier, où mène-t-il? Il se perd dans une muraille, il
s'arrête sous un palier où l'on ne peut monter que par une
échelle mobile et sur lequel de nombreux soldats massés
sont prêts à assommer un à un quiconque tenterait l'escalade
impossible.

Tel était le gigantesque palais que commençait Benoît XII
à Avignon après avoir affirmé que son plus grand désir était
de retourner à Rome.

En voyant s'élever ces masses énormes, Avignon ne
douta pas qu'elle était devenue pour jamais la capitale de
l'univers catholique et l'inébranlable assise du nouveau siège
de Saint-Pierre. Elle en doutait moins encore en voyant,
dans la cathédrale, le siège des Papes sur lequel se lisait
cette inscription « *Illic fixerunt sedes* » c'est là qu'ils ont fixé
leur trône, et en échangeant ces bizarres monnaies qu'avait
fait frapper Clément V et sur lesquelles, lui, Pape, héritier
de l'empire du monde, se donnait le titre de *Comes Venais-
sius*, comte du Venaissin, et se glorifiait d'une couronne
féodale!

Pendant ce temps-là, l'avidité et la jalousie empêchaient
Philippe de Valois de dormir. Désireux de s'approprier les
immenses trésors laissés par Jean XXII, d'augmenter encore
ses finances en levant des dîmes extraordinaires, et de saisir
la couronne impériale que retenait Louis de Bavière, il
imaginait de faire prêcher une croisade nouvelle contre les
infidèles, afin de s'en faire nommer chef pour arriver de là
à satisfaire toutes ses prétentions.

Benoît XII vit le piège et promit toute satisfaction au roi de France, mais dès le jour seulement où il prendrait la mer pour passer en Asie. Ainsi démasqué, Philippe recula. Son royaume avait besoin de lui. Le Pape, avec prudence, suspendit la prédication d'une croisade impossible et dont l'annonce non suivie d'effet eut pu être très funeste aux chrétiens d'Orient.

Pendant que, de son côté, Louis de Bavière se livrait à toutes les palinodies pour circonvenir le pape, bien averti d'ailleurs du degré de confiance qu'il pouvait avoir en sa parole, un orage s'amassait entre la France et l'Angleterre. Il éclata bientôt malgré tous les efforts de Benoît pour conjurer cette calamité et, en cette année 1337, les plus grands désastres frappèrent à la fois l'Orient et l'Occident.

Tandis que des seigneurs et des prélats allemands sollicitaient du Pape l'absolution définitive du césar teuton, le roi d'Angleterre entretenait l'espoir de joindre la couronne de France à la sienne et de gravir à son tour les marches du trône du saint empire romain d'Occident, rêvant, peut-être, de reconstituer de toutes pièces une puissance occidentale plus vaste et plus formidable que celle de Charlemagne, mêlé qu'il était par son titre de vicaire de l'empire à toutes les grandes affaires du continent.

Benoît faisait de vains efforts pour la paix, et au mois de septembre de l'an 1339, Edouard III accompagné des ducs de Brabant et des comtes de Gueldres et de Juliers envahissait la France et mettait le siège devant Cambrai tandis que Philippe de Valois avec les rois de Bohême et de Navarre, le comte de Savoie et le dauphin de Vienne, réunissait vingt-cinq mille chevaux et une innombrable infanterie pour faire face au danger.

La guerre de cent ans était commencée et Edouard III mettait déjà sur toutes ses lettres cette audacieuse mention :

« L'an de nostre règne d'Angleterre, quartorsiesme, et de France, premier ».

Une fois de plus, le Pape prêcha la paix, et, après quelques sanglantes batailles, obtint une trève qui fut signée à Tournai, tandis qu'Edouard et ses armées campait en Belgique.

En Allemagne et en Italie, la guerre; en Espagne, la lutte acharnée contre les Maures; l'Orient chrétien était aux abois et l'empire grec de Byzance à l'agonie. Dans l'Eglise, les plus grands désordres et un pullulement actif d'hérésies : magiciens en Irlande, vaudois dans la Gaule Lyonnaise, Fratricelles en Italie, Schismatiques en Allemagne, sectes de toutes sortes en Dalmatie, en Bohême et partout.

Ce fut en vue de cet horizon embrasé et sanglant qu'après sept ans et quatre mois de pontificat, Benoît XII, homme vertueux, nature tenace, caractère inébranlable, jurisconsulte savant, théologien avisé, anachorète mortifié, rendit son âme à Dieu dans le palais inachevé dont il avait jeté les formidables assises et élevé les premières constructions, et sa dépouille mortelle allait dormir à côté de celle de Jean XXII sous les dalles de Notre Dame des Doms.

XII

LA ROSE DE L'ARTOI .[1]

Onze jours après la mort de Benoît XII, le 7 mai 1342, les cardinaux lui donnèrent pour successeur l'un d'entre eux, Pierre Roger, cardinal-prêtre du titre des saints Nérée et Achillée, qui prit le nom de Clément VI et fut couronné solennellement le jour de la Pentecôte.

Pierre Roger était né à Malmont, au diocèse de Limoges ; d'abord moine bénédictin au couvent de la Chaîse-Dieu, près de Clermont, puis docteur en théologie de l'Université de Paris et abbé de Fécamp, il était devenu évêque d'Arras, archevêque de Sens, puis de Rouen et enfin cardinal.

Homme distingué et de belles manières, il aimait à vivre

(1) *De Rosa atrebatensi*, dit Saint Malachie sur le pontificat de Clément VI. Pierre Roger, le nouveau pape avait été évêque d'Arras (quoique d'autres disent d'Arles) de là le mot *Atrebatensi* qui désigne Arras. Il avait occupé des sièges plus importants ; si le prophète a tiré sa devise de celui d'Arras, c'est sans doute une critique qui a plus d'une signification soit personnelle au pontife soit étymologiquement parlant ; s'il eut des vertus privées, il oublia complètement de les faire servir aux intérêts majeurs de l'Eglise. Le mot rosa rappelle soit l'église Sainte-Croix des Roziers où il fut baptisé soit les armes qu'il tira de ce fait et qu'il se composa ainsi : D'or à une bande d'azur, accompagnée de six roses en orle. Selon l'historien Siacolius, le père de ce pape était seigneur du petit village des Roziers.

dans le faste et à faire des largesses dans la société polie au milieu de laquelle il se plaisait à vivre, souriant et affable. C'était, en outre, un savant théologien et un controversiste ardent.[1]

Pour faire diversion, sans doute, à la monotonie des éternelles tragédies qui ensanglantaient le monde, une ridicule et sonore comédie allait se jouer à Rome avec les oripeaux de l'antique.

Une fois de plus, de la ville éternelle était arrivée à Avignon une ambassade de laquelle faisait partie un homme dont la renommée était déjà grande et n'allait faire que s'accroître, le célèbre Pétrarque.

Du haut des Alpes, Louis de Bavière qui venait de s'emparer du Tyrol et que les Romains ne voulaient à aucun prix reconnaître pour roi, menaçait la Péninsule d'une seconde invasion plus terrible encore que la première.

Les princes italiens divisés et se faisant mutuellement la guerre étaient incapables de s'unir pour repousser cet ennemi commun. Rome ne voyait son salut que dans le retour du Pape sur le siège abandonné de Saint-Pierre.

Voilà ce qu'une fois de plus dirent à Clément VI les envoyés de Rome en le suppliant encore de revenir parmi eux.

Ce fut en vain ; en vain que l'éloquent Pétrarque, à son tour, et pour le même objet, se mit en frais de poésie et fit un appel désespéré au pontife dans des vers harmonieux comme le chant du cygne qui déjà agonise.

Ceux qui tenaient tant au doux et opulent séjour d'Avignon n'avaient que trop de raisons à mettre en avant pour y prolonger l'exil de la papauté. Rétablir la concorde entre la France et l'Angleterre, éloigner de l'Espagne les dangers qui la menaçaient, réaliser la pacification de l'Italie,

____

(1) D'après Feller, Novaës et autres historiens.

telles étaient, disaient-ils, les œuvres les plus urgentes à accomplir avant de songer à un retour à Rome maintenant impossib'e.

Pendant que l'Italie était si profondément bouleversée par l'avidité des princes qui se faisaient un jeu de répandre le sang et de perpétuer les discordes pour la ruine des peuples, que Padoue voyait ses tyrans s'entr'égorger pour le pouvoir, que les factions se disputaient le gouvernement de Gênes, les armes à la main, que Luc de Médicis, tout puissant, attaquait, à la fois, les Pisans en Etrurie, la reine Jeanne de Naples dans le Piémont, Martin et Albert de la Scala dans l'Insubrie, et que les marquis d'Este, les Gonzague de Mantoue, Thadée Pepoli de Bologne étaient perpétuellement en guerre, à Rome se préparait une révolution tragique et burlesque à la fois.

Un homme sorti des rangs les plus infimes, fils d'un misérable tavernier et d'une laveuse de haillons, Nicolas Rienzi, intrigant et beau parleur, captait une popularité basée sur les trompeuses promesses de rétablir dans la ville éternelle et dans toute sa splendeur passée l'antique république romaine.

Il rêvait d'en être le dictateur et peut-être le César, futur maître du monde entier comme jadis l'avaient été tant de monstres aussi éphémères que couronnés.

Le tribun, enflé de quelques succès oratoires, s'étudiait déjà à prendre des poses impériales et répétait le futur rôle qu'il aspirait à jouer. Son caractère était complexe et son hypocrisie sans doute consommée. Tout d'abord, champion austère de la justice, il affectait de vouloir restaurer la dignité pontificale abaissée dans l'exil; ses dehors étaient pieux et il passait pour être en relation surnaturelle avec des saints qui l'encourageaient et lui promettaient le succès.

Il avait un grand ascendant sur le peuple dont il flattait habilement les instincts de domination et d'indépendance.

Jamais il ne perdait une occasion, soit dans des réunions publiques, soit dans des assemblées secrètes d'évoquer la grandeur passée du peuple romain, sa liberté antique, et de le pousser à ressaisir ces rêves évanouis.

Il ne s'oubliait pas dans le tableau séduisant qu'il faisait de l'avenir; tandis qu'il se représentait comme le restaurateur né de toutes les gloires romaines, il semait avec adresse la défiance contre ceux qui tenaient alors les principales charges de l'Etat. Il organisait aussi des spectacles allégoriques dans lesquels il ne manquait pas de s'attribuer le plus beau rôle.

Un jour, saisissant au vol, comme une occasion favorable, le moment où les principaux citoyens étaient absents de la ville, il entraîne au Capitole la masse du peuple et une fois encore l'adjure éloquemment de ressaisir ses droits confisqués et foulés aux pieds par les tyrans.

Le peuple l'acclame et, séduit par l'éloquence du tribun, le nomme administrateur de la République et collègue du vicaire pontifical, Raymond, évêque d'Urbevetana; toutefois avec cette réserve que le Pape approuvera cette nomination.

Rienzi contient à peine sa joie; cependant, il a l'habileté de n'en rien faire éclater.

— J'accepte, s'écrie-t-il, mais, ce pouvoir que vous me donnez, je ne veux m'en servir que pour assurer le respect des droits du Pape, votre salut et votre bonheur. Je vais, du reste, immédiatement en référer au Pape.

En effet, avec toutes sortes de circonlocutions habiles et de précautions oratoires, il s'empresse de faire connaître les évènements à Clément VI et lui demande de les consacrer par son assentiment.

Clément VI qui ne connaissait rien ni de la fourberie de Rienzi ni des dessous de cette sédition, confirma les pouvoirs que le peuple venait de donner à son rusé tribun.

Aussitôt, Nicolas Rienzi s'empare de cette puissance

tribunitienne tant enviée par lui; il organise une pompe théâtrale, assurément combinée de longue main, et, le sceptre à la main, drapé dans la toge laticlave, il se fait conduire en triomphe à Saint-Jean de Latran, puis à la basilique de Saint-Pierre. Sur le passage du dictateur, on jette à poignées de la monnaie au peuple en délire, à toute la foule de Rome et des environs accourue à ce spectacle.

Quelques jours après, il se fait armer chevalier avec une pompe sans égale par Vico-Scotto, le plus noble citoyen de Rome; c'est dans le baptistère même de Constantin qu'il prend le bain d'ablution préparatoire; c'est à côté de ce vénéré monument que, sur un lit magnifique, il fait la veillée des armes de tout nouveau chevalier.

Le lendemain, il revêt son armure et, entouré d'un magnifique cortège formé par les plus nobles citoyens de Rome, il entend dans la basilique du Latran une messe solennelle d'actions de grâces.

Cette messe, il l'interrompt; à la stupeur de tous, il prend la parole et, d'une voix sonore, au milieu du peuple vers lequel il s'est avancé, il somme le pape Clément VI de revenir à Rome avec la cour pontificale; il somme les membres du sacré collège de prendre soin des églises qu'ils ont abandonnées et dont ils sont les titulaires; il somme Charles de Bohème et Louis de Bavière, les candidats impériaux, de prouver la légitimité de leurs prétentions ou de reconnaître qu'après certains délais, le droit d'élire un empereur d'Occident appartient aux Romains.

— Ces sommations, s'écrie-t-il en terminant, c'est nous qui les faisons, nous, le blanc chevalier du Saint-Esprit, Nicolas, sévère et clément, libérateur de Rome, révélateur de l'Italie, ami de l'univers et tribun auguste.

Alors, tirant son épée du fourreau, il en divise l'air à trois reprises, du côté de l'Europe, du côté de l'Asie et du côté de l'Afrique, en criant par trois fois :

— A moi, désormais, tout cela appartient, je suis le maître de l'Univers !

Cependant, le collègue du dictateur, le vicaire pontifical et évêque d'Urbevetana, Raymond, qui assistait à cet étrange spectacle, secoue sa stupeur et s'écrie :

— Nous protestons hautement, nous, vicaire pontifical, que nous ne nous associons nullement à de telles paroles et à de tels actes qui se font à l'insu complet du très saint pape Clément VI. Nous ordonnons qu'un acte public soit dressé sur l'heure de tout ce qui vient de se passer et de notre solennelle protestation.

Mais Nicolas, d'un geste impérial, ordonna aux trompettes de sonner aux champs, et leur fanfare éclatante couvrit la voix du vicaire pontifical.

Quelques jours après, le jour de l'Assomption, Rienzi, au milieu de tous les syndics de toutes les villes italiennes, convoqués à cette nouvelle comédie, se fit ceindre le front d'une couronne de lauriers consacrée à la basilique de Saint-Laurent-hors-les-Murs et annonça qu'il ouvrait de solennelles assises pour la sécurité, la liberté et le bonheur des peuples.

Bientôt, il ne se contenta plus d'une couronne, il lui en fallut sept en l'honneur des sept dons du Saint-Esprit qu'il prétendait posséder, et il fit frapper des monnaies à son effigie.

En même temps, il faisait affirmer partout aux Italiens, que, de tout temps, à eux seuls appartenait le droit d'élire le roi des Romains, les excitant à user de ce droit, à son profit naturellement.

Une pareille audace tenait assurément du génie et il faut reconnaître que, de tous les grands acteurs de la tragi-comédie humaine, Nicolas Rienzi n'était ni le moins habile, ni le moins digne de succès.

Ainsi pensèrent les Italiens flattés et heureux du droit

qu'il semblait leur rendre, des poètes et des orateurs sans
nombre qui chantèrent ses louanges en prose sonore et en
vers éclatants. Pétrarque lui-même saisit sa plume merveilleuse et raça un élégant panégyrique en l'honneur de cet
homme peu banal dont l'étonnante fortune amena à ses
pieds des rois et des princes éblouis et briguant son amitié.

La république de Venise, Luc Visconti, Louis de Bavière,
Louis de Hongrie, Jeanne de Naples, les princes d'Aragon
et de Palerme lui envoyèrent des ambassadeurs pour solli-
citer son alliance. Bien plus, les ambassadeurs de Hongrie
et de Naples accoururent à son tribunal discuter leurs griefs
et Rienzi écrivit à Clément VI que ces deux royaumes
l'avaient pris pour arbitre de la paix.

Qu'on lise l'histoire en philosophe et qu'un génie impartial,
faisant défiler sous ses yeux les personnages variés de
l'interminable comédie des choses, prononce si oui ou non ce
Rienzi valait plus ou moins que les autres fantoches impériaux et royaux, pourprés et couronnés qui ont rempli le
monde du bruit de leurs palinodies anarchiques.

Rienzi valait bien à lui tout seul la plupart des césars du
Bas-Empire et, certes, il avait, tout comédien qu'il était
comme eux-mêmes, l'avantage d'une ampleur remarquable
dans le geste. Au point de vue de la grande comédie, un
Louis de Bavière et un Henri IV d'Allemagne renforcés d'un
bon nombre d'autres doublures ne lui allaient pas à la
cheville.

Mais ce n'est pas au théâtre que l'on juge l'homme dans
l'acteur, c'est à l'œuvre personnelle sur la scène vraie de
la vie.

Comme la plupart des cabotins couronnés de son espèce,
Nicolas Rienzi, sorti d'un chaos anarchique, ne pouvait être
lui-même qu'un anarchiste n'ayant que la vocation et les
aptitudes d'un tyran.

Clément VI le jugea bien ainsi et ne se trompa pas. Le

tribun, sous son domino pailleté brillamment d'arbitrage universel, n'était qu'un politicien orgueilleux et fourbe; se sachant bien incapable de jouer un si grand rôle qui avait trahi Charlemagne lui-même et que, dans l'antiquité, ni les César ni les Alexandre n'avaient pu soutenir complètement, il n'aspirait, en somme, qu'à se tailler un royaume au milieu des principautés divisées, par le brigandage politique et à l'aide d'autres brigands au nombre desquels Louis de Bavière tenait la première place.

La chose était facile, car, partout où il y a deux plaideurs pour une huitre, il se trouve toujours un Perrin-Dandin noir ou rouge ou de n'importe quelle couleur pour l'avaler sous prétexte d'arbitrage en en confiant majestueusement les écailles aux parties.[1]

Ici, il s'agissait, pour Rienzi, de s'approprier le royaume de Naples avec l'aide de la Hongrie, puis de voler la Hongrie au profit de Louis de Bavière. En outre, Rienzi n'oubliait pas l'Etat ecclésiastique, au détriment duquel il comptait bien ensuite s'agrandir encore.

Avant que Clément VI eut pu armer ses places fortes, Rienzi s'était déjà emparé de plusieurs châteaux et déjà se

---

(1) Ceci exprime une loi naturelle en vertu de laquelle tout différend appelle nécessairement et fatalement un médiateur qui s'impose soit par la force des choses soit de lui-même. C'est ce qu'en physique on appelle la loi de l'équilibre dans les vases communiquants. Mais, dans la vie des individus, en société, le médiateur prétendu n'établit généralement sa prétendue médiation qu'en s'adjugeant sous une forme ou sous une autre non seulement l'objet de la contestation, mais encore, sous forme de frais de justice, bien au delà de la valeur contestée et jusqu'à la propre peau des adversaires. C'est pourquoi Notre-Seigneur Jésus-Christ, et après lui saint Paul, ont tant recommandé aux fidèles de la Paix Divine de fuir, comme une double peste, d'abord les contestations et ensuite les tribunaux où tout l'art de rendre la justice consiste à ruiner les parties soit au profit du juge soit au profit de l'Etat. Le lecteur prudent et sage trouvera cette doctrine de lumière, de charité et de vraie justice exposée tout au long dans l'admirable chapitre VI de la 1er Epitre de saint Paul aux Corinthiens. Quant à l'Evangile, elle y est enseignée clairement partout. A notre époque, les « jurys d'honneur » semblent inspirés de cette haute philosophie chrétienne si peu pratiquée, hélas!

vautrait dans les plaisirs et les festins, compagnons ordinaires de la tyrannie.

L'anathème tomba sur lui et déjà son despotisme lui
aliénait les esprits. Sept mois après son insolent triomphe,
le dictateur déposait les insignes de la puissance tribunitienne, pour se réfugier en fugitif à la cour du roi de Hongrie,
d'où il espérait vainement intriguer pour recouvrer son
pouvoir perdu.

La guerre recommençait, d'autre part, entre la France et
l'Angleterre, malgré les efforts de Clément VI pour empêcher
l'effusion du sang. L'un des plus grands désastres de cette
guerre était proche, on était en l'année 1346.

Edouard III débarqué en Normandie, sur les conseils du
transfuge Geoffroy d'Harcourt, s'emparait des principales
places de la contrée et, le samedi 26 août, les deux armées
Française et Anglaise étaient en présence dans les plaines
de Crécy dont les échos allaient, pour la première fois,
retentir du bruit sourd du canon.

La brillante et chevaleresque armée française fut balayée
là comme les blés dans une nuit de tempête, l'armée anglaise
elle-même laissa sur ce champ de bataille à jamais tristement
mémorable, d'innombrables cadavres.

Là périrent du côté de la France, le vieux roi de Bohême
qui, malgré sa cécité, avait voulu être conduit au plus fort
de la mêlée, le duc de Lorraine, le comte d'Alençon, frère
du roi de France, le comte de Flandre, un grand nombre de
comtes, barons et chevaliers et plus de douze mille soldats.[1]

---

(1) Il existe encore, sur le champ de bataille de Crécy, une croix de granit, rongée
par le temps et devenue informe, qui marque la place où, dit-on, tomba le vieux roi de
Bohême. Cette croix se trouve au bord de la route qui va de Crécy à Estrées. Jusqu'à
ces dernières années on voyait encore un énorme moulin en pierre de marne avec
soubassement en grès dans lequel Edouard III se porta pour observer la bataille. Ce
monument historique, mais non classé, appartenait à un imbécile qui le fit démolir en
1890 pour paver sa cour et marner son champ.

Quelques jours après, Edouard mettait le siège devant Calais qu'il emportait après une héroïque résistance de onze mois. Tout le monde a présent à la mémoire la glorieuse histoire des bourgeois de Calais à la tête desquels était Eustache de Saint-Pierre. La prise de cette ville ne rendit pas à l'Angletere les cinquante mille hommes qu'elle avait déjà perdus dans cette campagne. Edouard III accepta une trêve proposée par le Pape en vue de la paix, mais ce n'était que pour réparer ses forces épuisées et courir à de nouvelles batailles.

Louis de Bavière continuait à jouer son rôle d'empereur, et paraissait en armes à toutes les tentatives faites pour élire à sa place un autre roi des Romains; ce fut une mort inopinée et accidentelle survenue en 1347 pendant une partie de chasse, qui fit disparaître de la scène impériale cet obstiné comparse; Charles IV de Bohème fut acclamé roi des Romains par les Allemands et, après son sacre à Aix-la-Chapelle, on vit les derniers schismatiques césariens s'incliner devant le fait accompli et abjurer leurs erreurs.

En Orient, les Turcs et les Chrétiens combattaient toujours. A Constantinople, l'usurpateur Cantacuzène faisait alliance avec les musulmans contre l'empereur Paléologue et du même coup accélérait la ruine de l'empire grec de Byzance en même temps qu'il ouvrait aux Turcs les portes de l'Europe.

La peste, pendant ce temps-là, sévissait d'une façon atroce. Apportée de l'Asie dont elle avait ravagé les contrées, par des marchands Génois, en Sicile, elle avait gagné toute l'Italie, la Corse, la Sardaigne, la France, l'Allemagne, et l'Espagne, emportant presque partout les quatre-vingt-dix centièmes de la population. L'ignorance publique ne manqua pas d'accuser les juifs d'être les auteurs de cet horrible fléau et, malgré la protection du pape, leur sang fut répandu comme de l'eau.

Cédant aux instances de leur prieur,
elle se rendit dans leur île, avec plusieurs compagnons. (P. 122.)

D'autres folies ne perdirent pas l'occasion de se produire, et l'on vit tout à coup surgir la secte des flagellants qui se mirent à se battre de verges jusqu'au sang pour fléchir la colère divine, ce qui les regardait, et à battre ceux qu'ils rencontraient, ce qui ne les regardait nullement. La sévérité du Pape triompha, à la fin, de ces dangereuses superstitions.

On était en l'an 1352 lorsque Clément VI mourut laissant à la postérité le soin de juger son règne.

La bonté et l'aménité étaient ses qualités dominantes; les pauvres, les malheureux, les persécutés et les opprimés avaient en lui un protecteur.

« Cependant, tout n'était pas également lumineux dans le caractère de Clément VI, il avait ses ombres qu'il n'est pas permis de dissimuler. En achetant Avignon à deniers comptants, en donnant la pourpre à un grand nombre de Français, il resserra les liens qui retenaient l'Eglise romaine dans la dépendance de la France.[1] En prodiguant à ses parents les richesses et les faveurs, en tolérant à sa cour un luxe princier, il introduisit des abus funestes aux véritables intérêts de l'Eglise. Sous son pontificat, le luxe et l'amour des jouissances matérielles firent à Avignon des progrès effrayants.

» Assurément il y avait une certaine grandeur d'âme dans le sentiment qui lui faisait dire qu'il n'était pape que pour faire le bonheur de ses sujets; mais avec cela le trésor amassé par ses deux prédécesseurs ne tarda pas à être à sec. Pour donner un aliment à ses générosités, disons le mot, à ses prodigalités, il fut contraint de chercher de nouveaux expédients. Il en trouva, mais au détriment de l'Eglise et en aggravant les procédés financiers de ses prédécesseurs Clément V et Jean XXII. Le mécontentement provoqué par les demandes incessantes d'argent venant de

---

(1) Clément VI créa 28 cardinaux dont 23 Français, 3 Italiens, 1 Espagnol et 1 Allemand.

la cour d'Avignon prit de jour en jour, surtout en Allemagne,
des proportions plus inquiétantes.

» Malheureusement Clément VI ne comprit pas le tort
qu'il faisait à l'Eglise par ses demandes exorbitantes d'argent.
Son aveuglement était même si complet qu'un jour, comme
on lui faisait des remontrances sur les abus qu'elles engen-
draient et comme on lui disait que ses prédécesseurs ne se
seraient jamais permis d'aller aussi loin, il répondit : « Mes
prédécesseurs ne comprenaient pas le rôle de pape. » Cette
réponse donne une idée exacte de l'homme en qui se résume
le type le plus complet des papes d'Avignon.[1] »

Clément VI disparaissait dans une lugubre époque
attristée par les ravages de la guerre et surtout de la peste
noire qu'on appelait, en Allemagne, la mort noire, en Italie,
la grande mort et qui se manifestait par des symptômes
affreux selon les époques et les climats.

En Orient elle se déclarait par des tumeurs aux jointures
des bras et des jambes et une décomposition subite de la
masse du sang ; en Italie et en France par un crachement de
sang, des taches noires ou livides et des tumeurs gangré-
neuses qui s'étendaient à tout le corps, et chacun de ces
symptômes était un signe infaillible de mort.

Une simple conversation avec un pestiféré, le contact de
ses vêtements ou des objets qu'il avait touchés, suffisaient
à la propagation du fléau qui dépeupla presque toute l'Angleterre, ravagea l'Allemagne, la Frise, la Hongrie, le
Danemark, la Suède, la Norvège, la Russie, l'Islande et la
Pologne.

La Société était démoralisée ; on ne connaissait plus ni
parents, ni amis, on ne connaissait plus que la mort noire.

---

[1] D' Louis Pastor, professeur à l'université d'Insbrück trad. par Purcy Faynaud :
Hist. des Papes depuis la fin du Moyen-Age, cité par l'abbé J. Maitre. *Les papes et la
Papauté, de 1143 à la fin du monde.* (Paris ; Lethielleux.)

En France, elle enleva une multitude de personnes dans tous les rangs de la société et des plus illustres comme la reine Jeanne, la reine de Navarre, la duchesse de Normandie, épouse du prince Jean, l'évêque de Paris. Il mourait à l'Hôtel-Dieu de Paris plus de cinq cents pestiférés par jour, que l'on conduisait en monceaux au cimetière des Innocents dans de grandes fosses auxquelles le peuple donna tout de suite le nom énergique de charniers.

Plus de deux cent mille bourgs et villages restèrent abandonnés et des villes comme Marseille et Trepani demeurèrent entièrement désertes. L'océan même charriait des vaisseaux abandonnés aux vagues et qui ne portaient que des cadavres.

C'était dans ces affreuses circonstances que l'on allait nommer le successeur de Clément VI.[1]

(1) Le baron Henrion. *Hist. Ecclésiastique.* T. xxiii.

VIII

LES COLLINES DE PAMMAQUE.[1]

Douze jours après la mort de Clément VI, les cardinaux acclamaient son successeur.

C'était le cardinal évêque d'Ostie, Etienne Aubert, qui avait d'abord été docteur-ès-lois et juge mage de la sénéchaussée de Toulouse, puis évêque de Nîmes, évêque de Clermont et cardinal grand pénitencier de la cour de Clément VI.

(1) *De montibus Pammachii* dit la devise de saint Malachie à propos du pontificat d'Etienne Aubert (Innocent VI — 1352-62.) Il portait dans ses armes, dit-on, de gueules au chevron d'or et deux roses ou deux étoiles à huit rayons de même en chef, et six montagnes d'argent, trois sur trois, en pointe.

Innocent VI était né en Limousin au petit village de *Mont*. Il était cardinal du titre des SS. Jean et Paul, au *mont* Cælius près du temple de Claude. Cette église portait aussi le titre de Pammaque ou Pammachius, citoyen romain du IVe siècle, gendre de sainte Paule et mari de Pauline. Il fut canonisé. Ce fut lui qui fournit le terrain et les fonds nécessaires pour élever à Rome la première église dédiée, à Rome, aux deux frères martyrs saint Jean et saint Paul.

La devise du prophète montre que ce pape n'était pas appelé à être autre chose que lui-même sans se soucier des soupirs de l'Eglise vers le rétablissement de la Papauté sur les collines de son véritable siège.

Les armoiries de ce pape sont douteuses, un chroniqueur affirme qu'il avait d'autres armes qui furent placées sur les portes de la Chartreuse de Villeneuve près Avignon et portaient un lion avec une bande brochant sur le lion, et trois coquilles.

A Rome, Rienzi venait d'avoir un imitateur, un plébéien obscur, nommé François Baroncelli qui, lui aussi, venait de se faire investir de la puissance tribunitienne et jouait au César.

Rienzi, tombé en prison, promettait en échange de sa liberté, d'être désormais champion dévoué du pape.

Innocent VI ordonna de le délivrer et l'opposa au nouveau tribun qui, quatre mois après son élévation par le peuple, fut écharpé dans une sédition par ce même peuple tourné contre lui. Rienzi, de son côté, songeait à redevenir un tyran, investi qu'il était d'un mandat de sénateur.

Déjà, il avait dépouillé de leurs biens plusieurs familles romaines et versé le sang de nobles citoyens, par le poignard des sicaires ou la hache du bourreau, lorsque le peuple, excité sans peine contre ses nouvelles exactions, se souleva contre lui. Rienzi fut poignardé dans une émeute, son cadavre fut traîné aux gémonies, pendu puis livré aux juifs qui le brûlèrent et jetèrent ses cendres au vent.

Charles IV, pendant ce temps-là, le nouvel élu à l'empire d'Occident, s'en allait à Milan recevoir, le 6 janvier 1355, la célèbre couronne de fer des mains de l'archevêque, consécrateur délégué par le pape.

Le jour de Pâques de la même année, dans la basilique de Saint-Pierre, il recevait l'onction et la couronne de l'empire des mains du cardinal-évêque d'Ostie, assisté du légat Gilles Alvarès, et de là, dégoûté de l'anarchie qui régnait en Italie, il reprenait la route de l'Allemagne.

La guerre de cent ans entrait, d'autre part, dans sa deuxième période et poursuivait son cours malgré les nouveaux efforts du Pape pour la paix.

Il n'obtint pas même une suspension d'armes et la guerre civile vint s'ajouter à la guerre étrangère. Le peuple de France était tellement écrasé d'impôts qu'il se soulevait partout, tandis qu'une foule de familles, disant adieu au sol natal, prenaient les routes de l'exil à la recherche d'une meilleure patrie.

Une chance de paix se présenta pourtant. Jean le Bon, ayant réuni des forces énormes, inspira de la crainte au prince de Galles, qui demanda la paix par l'entremise des légats et, surtout du cardinal Talayrand qui supplia le roi Jean le Bon d'acquiescer.

Jean le Bon, confiant dans sa force et dans la terreur des Anglais, s'écria :

— La paix avec l'Angleterre! jamais! et vous-même, messire, cessez d'insister auprès de moi et quittez le camp si vous tenez à votre vie !

La bataille s'engagea. Quelques heures après, elle s'appelait, dans l'histoire de France, le désastre de Poitiers. Les armées du roi Jean étaient presque anéanties et lui-même était prisonnier. Ses fers allaient être bien pesants, malgré la courtoisie chevaleresque de son jeune vainqueur qui poussait envers le royal captif la déférence jusqu'à le servir lui-même à table.

Hélas! les fers de la France se forgeaient, le gouffre se creusait où allait descendre avec une vertigineuse rapidité, la glorieuse monarchie fondée par Clovis, le moment va venir où toute la fortune de notre glorieuse patrie sera représentée par un jeune homme indolent, une cour insouciante et quelques arpents d'un sol désormais aliéné et conquis.

Le Pape vit ce gouffre ouvert et, pour lancer un pont sur cet abîme béant, il supplia l'empereur Charles IV de jeter son sceptre, sinon son épée, en faveur de la France et pour la paix, dans la terrible balance du destin.

Charles IV lui-même devait être impuissant et sa médiation fut sans effet entre la France et l'Angleterre.

Ce fut le Pape qui obtint une trêve en vue de la paix espérée. Cette paix, Édouard III, après bien des langueurs,

accepta de la faire. Hélas! à quel prix! Six cent mille pièces
d'or, la Normandie, le Maine, l'Anjou, la Touraine, le Poi-
tou, la Saintonge, la Guyenne, tout le littoral de l'Ouest;
avec quelques autres provinces : le Limousin, le Querci, le
Périgord, le Bigorre, l'Agenais, c'était la moitié du royaume,
l'anéantissement de la glorieuse monarchie française.

Jean le Bon accepta ces affreuses conditions et crut sin-
cèrement avoir acheté la paix. Mais le fourbe anglais, vorace
et déloyal, avait juré de n'établir la paix définitive que sur
la ruine complète de la France où ses émissaires attisaient
avec rage la guerre civile et fomentaient la terrible sédition
des Jacques, tandis qu'Etienne Marcel, prévôt des marchands, mettait Paris en révolution.

C'était en 1358 que Jean le Bon avait signé cet affreux
traité; en 1359, Edouard, avec une armée innombrable,
envahissait de nouveau le continent, marchant sur Reims
pour s'emparer de cette ville, cœur et palladium de la
monarchie de Clovis et de saint Louis.

Mais l'ange gardien de la France veillait et dispersa cette
formidable armée que décima la tempête, semant les routes
de milliers de cadavres anglais, victimes des éléments qui
paraissaient conjurés contre eux.

Edouard, effrayé, allait signer les traités de Bretigny et
de Londres, qui démembraient lamentablement la monarchie
française.

Pendant ce temps-là, de sanglantes tragédies se dérou-
laient dans les deux péninsules. L'Italie n'était toujours qu'un
immense champ de bataille, théâtre sanglant de guerres
civiles et de guerres étrangères. La Castille et l'Aragon
étaient également en proie à des luttes sanglantes et la
croisade contre les Maures y était oubliée.

Au milieu de ce chaos douloureux, la papauté ne pouvait
mieux faire, elle-même était dans la fournaise et dans la
fosse aux lions.

« Le caractère d'Innocent VI,[1] se résume en deux mots : rigidité et équité; il semblait prendre pour modèle Benoît XII. Aussitôt après son couronnement, il s'était hâté d'abolir la constitution de Clément VI, qui attribuait aux dignitaires ecclésiastiques et aux cardinaux des bénéfices dans certaines églises collégiales et cathédrales ; il prononça la suspension d'une foule de réservations et de commendes, annonça la suppression du cumul des bénéfices et ordonna à leurs détenteurs la résidence en personne sous peine d'excommunication, mesure qui débarrassa sa cour d'une foule de personnages inutiles, uniquement occupés à nouer des intrigues et à quémander de l'argent.

» Par nature, très économe de son propre bien et convaincu qu'il devait l'être encore plus de celui de l'Eglise, il réforma le faste de la curie pontificale, supprima toutes les dépenses inutiles et congédia les serviteurs superflus. Un grand nombre de cardinaux adonnés au luxe et au bien-être avaient amassé des fortunes colossales; il les obligea à se conformer à son exemple ; il ne se gênait pas pour blâmer publiquement les passions et les défauts de certains membres du Sacré Collège.

» Sous son pontificat on n'accorda des bénéfices que pour récompenser des mérites. « Les dignités ecclésiastiques, disait-il, doivent être le prix de la vertu et non de la naissance. » Il avait le projet d'entreprendre une réforme complète du haut en bas de l'Eglise et ne bornait pas au cercle étroit de son entourage ses efforts pour mettre un frein à la corruption dont ses membres étaient infectés.

» Presque tous les chroniqueurs représentent Innocent VI comme un souverain austère dans ses mœurs, grave dans son maintien et savant en droit. »

Innocent VI, cependant, à l'exemple de ses prédécesseurs

(1) Pastor. *Hist. des Papes.*

immédiats, favorisa beaucoup ses parents et ses neveux dans les dignités ecclésiastiques ; sur seize cardinaux qu'il créa, il donna, lui aussi, la préférence à la France ; il y eut treize français, un italien et deux espagnols.

Souffrant de la goutte et très âgé, il mourut le 12 septembre 1362, après neuf ans et neuf mois de règne.

IX

LE CHANT DU COQ.[1]

A Florence où il passait, investi d'une légation pontificale à la cour des Visconti, Guillaume Grimoald, abbé de
Saint-Victor, en apprenant la mort du Pape, s'écria :

— Que le Ciel me fasse la grâce de voir un Pontife qui
ramène le siège apostolique en Italie et qui dompte les
tyrans! Ce serait avec joie que j'accepterais, en échange, de
mourir le lendemain.

Son vœu devait être singulièrement exaucé. Il devait
voir cela, car c'était lui qui devait être ce pontife espéré ; il

(1. La devise de saint Malachie concernant le B. Urbain V est *Gallus Vicecomes* que
l'on peut traduire : Français-Visconti, parce qu'il fut français et se trouvait, au moment
de son élection, en légation chez les Visconti de Milan. Mais cette devise, comme
beaucoup d'autres, a un sens subtil qui joue sur les mots. *Gallus* veut dire aussi coq et
vicecomes veut surtout dire vicomte, c'est-à-dire lieutenant du comte qui est un
compagnon; le pape est le vicaire de Jésus-Christ dont l'Eglise est la compagne et
comme Urbain V désirera vivement le retour de la Papauté à Rome et même l'y ramènera;
quoique son retour à Avignon suivra de près ce retour à Rome, on peut le considérer
comme désigné par le prophète pour jouer le rôle du coq qui, en chantant trois fois,
rappela jadis Pierre à son devoir. Il prépara, en effet, les voies au retour que devait
définitivement accomplir son successeur Grégoire XI, ardemment poussé par sainte
Catherine de Sienne que l'on a si bien nommée la Jeanne d'Arc de la Papauté et dont le
prophète saint Malachie avait vu le rôle lorsqu'il avait donné pour devise à Grégoire XI
ces mots caractéristiques : *Novus de virgine forti, Le renouvelé par une vierge forte.*

devait également mourir en quelque sorte le lendemain, dans ce palais d'Avignon où lui-même reviendra presqu'aussitôt.

Guillaume était français, natif de Grisac, au diocèse de Mende. Fils d'un chevalier, il avait, jeune encore, revêtu l'habit monastique au prieuré de Chiriac, dépendant de Saint-Victor de Marseille, pris ses grades de docteur et professa longtemps à Montpellier et à Avignon. Il avait alors soixante ans, lorsque les cardinaux dont les suffrages s'étaient d'abord portés sur Hugues Roger, surnommé le cardinal noir, parce qu'il portait l'habit bénédictin au lieu de la pourpre, se ravisèrent. Hugues était Limousin et cette province était maintenant anglaise. Or, ils voulaient un pape Français et ne pouvant s'entendre sur aucun d'entre eux, élurent Guillaume le 28 octobre 1362.

Le 6 novembre, le nouveau pape était solennellement couronné sous le nom d'Urbain V et s'occupait aussitôt de continuer l'œuvre politique ardue de ses prédécesseurs.

Cependant, les paroles qu'il avait prononcées à Florence ne devaient pas être emportées par le vent ni rester sans échos.

Tous ceux qui aspiraient ardemment au retour à Rome du trône pontifical, les entendirent et les recueillirent comme un favorable pronostic et résolurent de ne pas laisser de répit au nouveau pape, qu'il n'ait mis lui-même son propre vœu à exécution.

Déjà Dante avait dit naguère aux cardinaux :

« De même que le Christ, par ses paroles et ses actes a donné l'empire du monde à Rome, ainsi Pierre et Paul y ont consacré par leur propre sang le siège apostolique. Il vous faut nommer un pontife qui lui rende ce siège souverain... Rougissez de suivre les conseils de la terre et non les inspirations du ciel. Ayez toujours devant les yeux Rome privée de ces deux soleils,[1] Rome deux fois veuve sur son

____

(1) L'empire et la Papauté.

trône. C'est à vous surtout que cela importe, à vous dont l'enfance s'est écoulée sur les bords du Tibre sacré et abreuvée de ses eaux. Ah! si cette capitale de la nation latine, si cette source commune de la civilisation de l'Italie doit être chère à tout Italien, combien plus ne devez-vous pas la chérir, vous qui tenez d'elle tout ce que vous êtes! Si sa misère actuelle accable de honte et de douleur tous les autres, combien ne devez-vous pas souffrir et rougir, vous qui avez causé l'éclipse de son soleil! [1]

En même temps que Dante, moins illustre que lui, mais brûlé d'un aussi ardent amour pour l'Eglise et l'Italie, Pétrarque ne cessait d'élever sa voix plaintive, indignée et harmonieuse pour la même cause.

Les papes d'Avignon l'entendirent souvent malgré le brouhaha mondain de leur cour luxueuse et souvent, quand les pontifes sortaient de leur palais dans toute la pompe des marches princières, ils apercevaient la silhouette sévère et pensive du poète qui, campé fièrement devant leur passage, les regardait d'un œil qui reflétait tout le blâme de son cœur.

« Pensez, écrivait-il à l'évêque Jacques Colonna, à ce que je dois éprouver, moi, Italien, non seulement à Linterne, ou près du tombeau de Scipion, mais à Rome, dans cette Rome où Scipion naquit, fut élevé et triompha avec une gloire égale et comme vainqueur et comme accusé; dans cette cité qui ne fut pas seulement la patrie de Scipion, mais encore celle de tant d'hommes dont la renommée sera éternelle, dans cette cité, dis-je, à laquelle nulle autre ne fut ni ne sera jamais semblable; dans cette cité, enfin, que ses ennemis même ont appelée la cité des rois.

» Et lors même que je ne serais pas ravi du souvenir de ces grandes choses, songez combien il est doux pour un cœur chrétien de contempler cette ville, figure du ciel sur la

[1] Dante, Lettre VII, d'après Wite et Carlo Troja.

terre, arrosée du sang précieux des martyrs, peuplée de leurs corps et pleine des ossements sacrés de ces illustres témoins de la vérité, de voir au Latran l'image du Sauveur, vénérée de tous les peuples, de baiser les précieuses traces de ses pieds divins imprimés dans la pierre,[1] d'errer au milieu des tombeaux des saints, et de se promener sous les portiques où se promenèrent les apôtres, abîmé dans l'unique préoccupation d'une vie meilleure.[2] »

Au pape, il disait, dans son éloquent langage :

« O Père bien-aimé, les maisons de ta Rome sont détruites, ses murs tombent, ses temples sont en ruines. Les choses sacrées périssent, les lois sont enchaînées, la justice violée, ton malheureux peuple pousse des gémissements, il invoque à grands cris ton nom, et tu ne l'écoutes pas; tu ne prends pas pitié de tant de maux, tu ne vois pas les larmes de ta vénérable Epouse, tu ne reviens pas vers elle, toi qui as su éloigner de ta cour les époux d'autres églises moins nécessiteuses et moins illustres que la tienne, afin qu'elles ne demeurâssent pas sans appui.

» Quoi donc! quand tout ton peuple a son évêque, le peuple romain seul n'aurait-il pas son pontife? Quand les moindres villes jouissent paisiblement des embrassements de leurs époux, la reine des villes gémira-t-elle dans un éternel veuvage?

» Pardonne, Père miséricordieux, à la témérité de mon zèle; mais, comment peux-tu goûter le sommeil dans un lit doré, sur les rives du Rhône, alors que les murs de Saint-Jean de Latran croulent et que la mère de toutes les églises, privée de toit, demeure ouverte au vent et à la pluie? Oui, les églises de Saint-Pierre et de Saint-Paul tremblent sur leurs

(1) A l'endroit ou, dit-on, saint Pierre fuyant Rome rencontra l'apparition de Jésus-Christ et lui demanda : « Seigneur, où vas-tu? » à quoi Jésus répondit : « A Rome pour être crucifié de nouveau, puisque tu désertes ton poste. »

(2) Pétrarque, *Rerum familiar.* Ep. ix, Livre ii.

fondements, ce qui était naguère le temple des Apôtres n'est plus qu'une ruine, qu'un monceau de pierres qui arrache des soupirs aux cœurs les plus durs et tu ne le vois pas!... Tu es le chef de la foi catholique, tu es l'âme de toutes les œuvres pieuses; ta chaire épiscopale, la vénérable chaire du haut de laquelle tu dois gouverner l'univers, c'est Rome![1] »

L'illustre poète qui a tant contribué au retour de la papauté d'Avignon à Rome, ne devait pas, hélas! voir de ses yeux mortels ses vœux accomplis; la vieillesse, à cette époque, courbait déjà vers la terre son noble front que la mort allait bientôt faucher.

Mais il n'était pas le seul à pleurer sur cet exil, à désirer ce rapatriement et à exhorter la papauté à réintégrer la ville éternelle.

D'Espagne était venu tout exprès un saint, Pierre d'Aragon, qui, né sur les marches d'un trône, avait quitté la pourpre et les honneurs pour devenir un humble fils de saint François, et qu'on appelait l'homme des révélations et des miracles.

Ses paroles et celles de quelques autres hommes en non moins grande réputation de sainteté, devaient contribuer beaucoup à affermir dans l'esprit du pape Urbain V, le désir qu'il avait manifesté avant même que le choix des cardinaux posât inopinément la tiare pontificale sur sa tête.

Mais si tant de voix rappelaient Urbain à Rome, bien d'autres voix s'élevaient pour le retenir à toute force à Avignon.

Les cardinaux, presque tous français, charmés de la douceur de la résidence d'Avignon, voyaient d'un œil fort mécontent le pape nourrir un tel projet qui devait les arracher aux plaisirs de cet agréable séjour.

Le roi de France, de son côté, qui avait dans le Sacré

(1) Petrarque, *Rerum senil.* L. VII.

Collège des parents et des amis, s'opposait de toutes ses forces au départ projeté de la cour romaine.

Aussi voyait-on sans cesse, à la cour d'Urbain, des orateurs qui plaidaient tour à tour avec la même véhémence, les uns en faveur de Rome, les autres en faveur d'Avignon.

Un de ces orateurs, envoyé par le roi, Nicolas Oresme, alla jusqu'à invoquer en faveur du maintien du Saint-Siège à Avignon des raisons tirées de la mythologie. La Gaule, disait-il, était, depuis le temps des Druides, la nation religieuse entre toutes, et Avignon était comme le nombril du monde.

Pendant que se débattait cette importante question, la grande et déjà lointaine épopée des croisades avait un épilogue inattendu et brillant.

Les papes, on le sait, n'avaient pas perdu l'espoir de faire reprendre la croix aux princes chrétiens, quoiqu'il fut évident pour tout le monde que l'ère des grandes entreprises d'outre-mer, que saint Louis avait closes si misérablement, était désormais passée.

Les papes visaient surtout, en poussant à de nouvelles croisades, à déplacer l'activité remuante et guerrière des princes, estimant qu'il valait mieux la leur faire dépenser contre les infidèles et hors de l'Europe que contre des chrétiens, soit dans des guerres internationales, soit dans des guerres civiles.

Mais c'était précisément à cela que les princes étaient trop occupés pour songer à autre chose.

Pour remédier à tous ces maux et couronner l'œuvre tant désirée et poursuivie de la pacification de la chrétienté, Urbain V, le 12 avril 1363, décrétait la croisade générale contre les Turcs et les Sarrazins, nommant chef de la croisade le roi de France Jean II, le Bon, et légat le cardinal de Talleyrand.

Comme il fallait au roi de France deux ans environ pour remettre de l'ordre dans son royaume bouleversé, Urbain lui donnait, en attendant, pour lieutenant, le roi de Chypre, qui devait prendre la tête des croisés.

Il fallait agir sans retard, car les Sarrazins s'apprêtaient à conquérir Chypre.

Jean le Bon n'avait recouvré la liberté qu'en donnant pour otage, au roi d'Angleterre, un de ses fils qui, au mépris de la parole donnée, revint en France.

Aussitôt l'honnête Jean le Bon, que Pétrarque appelle le plus grand des rois et le plus invincible des hommes, se hâta de retourner en Angleterre reprendre sa place dans les fers.

— Si la bonne foi, disait-il, et la vérité, étaient bannies du reste de la terre, elles devraient se retrouver au cœur des rois.

Peu de temps après, cet honnête homme qui avait entrepris d'entraîner le roi d'Angleterre dans la croisade avec lui, mourut à Londres, le 8 avril 1364, laissant sa couronne démembrée à l'aîné de ses quatre fils, Charles V.

Le cardinal Talleyrand suivait dans la tombe, de fort près, le roi de France, et le pape Urbain le remplaçait, comme légat de la croisade, par l'archevêque de Crète, Pierre Thomas, auquel il donnait le titre de patriarche de Constantinople.

Le roi de Chypre, alors à Venise, prit la croisade à ses frais et partit de cette ville avec deux navires, abandonné par tous les princes et rois d'Occident dont l'enthousiasme s'était soudain refroidi.

Il avait fait vœu de ne pas remettre le pied dans son royaume avant d'être entré à la tête de son armée sur les terres de ses ennemis.

Toute la flotte croisée se réunit à Rhodes, au grand effroi des Turcs, et l'on résolut de faire voile vers Alexandrie.

« Le légat[1] accompagné de tous les ecclésiastiques présents à l'armée, monta sur la galère royale pour donner la bénédiction générale.

» Il prit place au point le plus élevé du navire, afin que tous pussent le voir, ayant le roi à ses côtés.

» Sur la flotte dont on a baissé les pavillons et les bannières, toute l'armée est debout, les yeux tournés vers lui.

» Alors le légat improvise, sous l'inspiration de l'Esprit-Saint, une bénédiction large, inaccoutumée, admirablement belle; il allie l'ancien et le nouveau Testaments, bénissant tantôt les armées, tantôt les personnes, tantôt les navires, tantôt la mer, enfin toutes les troupes, en l'honneur de la croix, invoquant le secours de Dieu pour la destruction des Sarrazins.

» Le roi, les marins et les bataillons, inclinant la tête, répondent à toutes les bénédictions avec une grande dévotion.

» La bannière royale, un grand lion rouge, est alors arborée tout à coup au-dessus de la galère du roi; les trompettes éclatent en fanfares bruyantes, des milliers de drapeaux flottent au vent et d'un concert formidable, dans un sublime élan d'actions de grâces à Dieu, tous crient :

» — Vive et soit vainqueur, Pierre, roi de Jérusalem et de Chypre, contre les Sarrazins infidèles! »

Ce ne fut qu'en pleine mer que, selon l'ordre du roi, on connut sur les navires que l'attaque d'Alexandrie était décidée comme premier exploit à accomplir.

Le vent était favorable; cependant, les navires ne surent pas naviguer de conserve malgré les ordres du roi et bientôt ils se perdirent de vue.

Mais, un matin, au point du jour et comme par miracle, ils se trouvèrent réunis tous ensemble dans la rade d'Alexan-

---

(1) Dit Philippe de Mazère, témoin oculaire : *Vie du B. Pierre Thomas*, Bollandistes, t. ii, 29 janvier.

drie à la grande stupeur des Sarrazins qui n'avaient rien vu
venir.

Devant ce danger imminent et imprévu, toute la garnison
de la ville et les habitants accoururent se ranger en bataille
sur le bord de la mer, provoquant avec de grands cris les
chrétiens qui, prudemment et sur l'ordre du roi, retardaient
le débarquement.

Pendant tout le jour et toute la nuit, les Alexandrins, au
bruit des trompettes, organisèrent la défense tant du littoral
que des remparts.

Le lendemain, à l'heure de tierce, la flotte chrétienne
débarqua sous une grêle de flèches sarrazines. Les croisés,
cependant, purent s'avancer et poser leurs échelles au bas
des défenses du rivage, malgré les ennemis qui, dans l'eau
jusqu'à la poitrine, leur opposaient une résistance désespérée.

Après une heure de lutte acharnée, les chrétiens enfin
purent mettre pied sur la terre ferme, obligeant les ennemis
à fuir vers la ville, l'épée dans les reins, et en laissant
derrière eux d'innombrables morts et blessés.

Les croisés, alors, firent mine de vouloir mettre le feu
aux portes de la cité qui, soudain, se vida comme par
enchantement.

Sortant en masse par une porte opposée, les Alexandrins
s'enfuyaient vers le Caire.

Le vendredi 4 octobre 1365, à neuf heures du matin,
Alexandrie était au pouvoir des chrétiens.

Ce brillant fait d'armes semblait devoir ouvrir avec une
nouvelle croisade, une ère de victoires nouvelles sur les
ennemis de la Croix; mais, hélas! la plupart de ceux qui
avaient pris part à l'expédition, n'avaient eu pour but que de
conquérir un riche butin. Ils pillèrent à loisir, et, satisfaits,
reprirent la mer pour s'en retourner dans leur pays.

Pierre de Chypre, navré et impuissant, ne put même pas
attendre que les ennemis revinssent en nombre pour repren-

dre la cité, comme cela ne pouvait manquer de se produire ;
il dût se rembarquer lui-même, abandonnant avec douleur
cette première conquête et l'espérance de s'emparer de Jérusalem dont il portait la couronne inutile.

A Avignon, Urbain mûrissait de plus en plus son projet
de retourner à Rome pour y ramener le Saint-Siège.

Dans la ville éternelle la joie était grande et les Romains
envoyaient une ambassade au Pontife pour l'assurer de leur
filial dévouement. Les villes maritimes de la Péninsule Ita-
lique offraient à l'envi des navires; Venise en promettait dix,
Pise trois et Gênes plusieurs autres. Déjà le pape Urbain V
en avait accepté cinq. Des Français eux-mêmes lui offraient
de l'accompagner par la voie de terre avec une magnifique
escorte. Le fils du comte Jean d'Armagnac était de ce nombre,
tandis que l'empereur Charles IV et Philippe, prince de
Tarente, se disputaient aussi l'honneur d'organiser le cortège
pontifical.

Il y avait quatre ans déjà qu'Urbain était pape. Mais
avec lui, enfin, la Papauté se souvenait, Pierre entendait le
chant du coq, le pape allait revenir à son poste.

X

Avant de quitter l'hospitalière Provence, Urbain voulut aller revoir les lieux témoins de ses premiers pas dans la vie et dans la science.

Au commencement de l'année 1367, il se mit en route pour aller visiter la cité de Montpellier, dans l'université de laquelle il avait fait ses premières études.

Après cette excursion, il revint à Avignon et annonça officiellement son prochain départ à sa curie à laquelle il enjoignit de le suivre sans murmure dans la ville éternelle.

Quelques cardinaux se montrèrent tout à fait récalcitrants; mais, bientôt, ils se soumirent devant la menace que leur fit le pontife de les dépouiller de leur dignité s'ils n'obéissaient pas.

Le 30 avril 1367, Urbain V quittait Avignon avec toute la cour pontificale et bientôt arrivait à Marseille où une réception solennelle et grandiose lui avait été préparée.

Le 20 mai, il quittait cette ville sur la flotte que lui avaient envoyée Jeanne de Naples, Venise, Gênes et Pise.

La navigation fut heureuse, sur les flots bleus de la Méditerranée, et dura quatre jours au terme desquels le

Pape et son cortège débarquaient à Gênes où l'attendait une réception aussi grandiose que celle de Marseille.

Là, il célébra la fête de l'Ascension et, le lendemain, Urbain V s'embarquait de nouveau au lever du soleil pour aller aborder à Corneto d'où il devait poursuivre sa route sur la terre ferme.

Le cardinal-légat, Gilles Alvarez d'Albornoz, était arrivé à Corneto avec une grande suite formée du clergé et de la noblesse de la province pour recevoir le pontife.

Le 9 juin, Urbain était à Viterbe où le rejoignirent Amédée de Savoie et les ambassadeurs de l'empereur de Constantinople, Jean Paléologue; on attendit l'arrivée de l'empereur Charles IV.

Enfin on se mit en route pour Naples, dernière étape du voyage pontifical.

La ville éternelle était en rumeur et en joie; pas un romain qui ne tressaillait d'aise, ne fut-ce qu'à la pensée de ce grandiose spectacle.

La cité tout entière s'était mise en fête pour recevoir son pontife si longtemps absent de ses murs. Saint-Jean-du-Latran se couvrit de fleurs et l'on prépara une entrée solennelle et magnifique à Urbain dans la ville pontificale.

Il y entra le 16 octobre en grande pompe. Nicolas d'Este, seigneur de Ferrare, ouvrait le cortège, à la tête de sept cents nobles cavaliers et de deux cents fantassins. Urbain s'avançait ensuite sur son cheval richement caparaçonné et tenu par la bride par le comte Amédée IV de Savoie qui lui servait de guide. A côté du pontife marchait Rodolphe, seigneur de Camerino, qui portait l'étendard de la Sainte Eglise; puis, venaient les onze cardinaux avec leur suite, Malatesta Ungaro, seigneur de Rimini, une foule de nobles des Etats de l'Eglise et de la Toscane, les ambassadeurs de l'empereur, ceux du roi de Hongrie, ceux de la reine Jeanne de Naples, puis les évêques, les abbés, la foule des gens d'Eglise, montés sur de riches destriers qui, tous ensemble, formaient, dans une longueur de plus de deux milles, un pompeux cortège à la fois joyeux et imposant.

Ce fut ainsi que le pape Urbain V entra et ramena la papauté au Vatican aux applaudissements de Rome tout entière.[1]

Aussitôt réassis sur le siège véritable de Saint-Pierre, Urbain se mit à l'œuvre pour lui rendre son ancienne splendeur. Son premier souci fut d'établir la paix en Italie par le double moyen des traités et des armes de l'empire.

Le jour de la Toussaint, le Pape couronna solennellement et sacra de sa main l'empereur Charles IV et l'impératrice Elisabeth qui reprirent ensuite le chemin de l'Allemagne.

Avant de s'éloigner pour retourner dans ses Etats, Charles IV avait donné à Gui de Bologne, cardinal-évêque de Porto, le vicariat impérial en Italie.

Ce n'était pas seulement l'empereur d'Occident qui était venu se prosterner aux pieds du Pape réintégré sur son siège romain; c'était encore l'empereur d'Orient Jean Paléologue qui était venu abjurer à ses pieds le schisme grec. Il avait besoin du pape, d'ailleurs.

Tout semblait prospérer à souhait et depuis trois ans qu'Urbain était à Rome, presque toutes les possessions de l'Eglise étaient rentrées dans son domaine temporel et sa puissance spirituelle semblait avoir acquis un nouvel éclat.

Mais le fond des choses n'était malheureusement pas aussi renouvelé que leur surface.

Les guerres civiles, les tyrannies des seigneurs, les compagnies mercenaires de soldats étrangers continuaient à ravager les Etats pontificaux et l'âme du pontife était profondément troublée devant ces maux qu'il était impuissant à détruire complètement.

(1) Raynald, année 1367, *Vie d'Urbain V.*

Les Bretons pontificaux ravageaient le Bolonais,
incendiant, pillant et massacrant tout sur leur passage. (P. 144.)

Bientôt on apprit avec stupeur qu'Urbain V regrettait d'être rentré à Rome et qu'il se préparait à reprendre avec sa cour le chemin d'Avignon.

Urbain donnait un prétexte dont les apparences seules é'aient plausibles : il voulait, disait-il, travailler à réconcilier définitivement la France et l'Angleterre, il voulait voir se terminer cette guerre néfaste au bout de laquelle il entrevoyait l'anéantissement complet de la France.[1]

En réalité, il trouvait dur le séjour de Rome comparé à celui d'Avignon. Les cardinaux récalcitrants qu'il avait entraînés de force à sa suite avaient repris le dessus; ils regrettaient vivement cette Capoue et ses douceurs tranquilles et étaient parvenus à exploiter habilement les déceptions et les dégoûts d'Urbain en les tournant vers ce retour qu'ils désiraient tant.[2]

En tout cas, Urbain V, avec la ténacité de son caractère, se montra aussi inébranlable dans sa résolution de retourner à Avignon qu'il l'avait été dans celle de revenir à Rome.

L'un de ceux qui avaient le plus influé sur sa détermination première, le pieux franciscain Pierre d'Aragon, à cette nouvelle, accourut au palais apostolique.

— Hélas! Père saint, s'écria-t-il, qu'avons nous appris et serait il vrai que votre Béatitude a résolu de rejeter le Saint-Siège dans le triste exil où il a gémi pendant tant d'années? Non, non! Vous ne ferez pas une pareille chose, vous n'accomplirez pas un pareil acte. Je vous le dis de la part de Dieu, si vous quittez Rome, si vous retournez dans cette cité d'Avignon d'où vous êtes parti à si grand labeur, vous déchaînerez sur l'Eglise des maux que vous ne verrez pas mais dont vous serez responsable. Vous préparez un schisme, et tenez pour certain que si vous ne m'écoutez point, ce fléau ne tardera pas à éclater dans l'Eglise.

(1) Selon Muratori.   (2) Selon Petrarque.

Urbain écouta avec impatience les remontrances de Pierre d'Aragon et ne voulut en tenir aucun compte.

Ce ne fut pas la seule voix qui s'éleva dans le même sens et pour le même objet.

Il y avait alors à Rome, une Suédoise illustre par la naissance et par les vertus. C'était Brigitte.

Brigitte ou Birgide était née vers 1302 et son berceau tenait par les liens du sang à deux maisons royales. Elle était fille du prince suédois Birger, et d'une princesse de Gothie nommée Ingerboris.

Sa mère, sauvée par miracle d'un naufrage, alors qu'elle la portait dans son sein, était morte peu de temps après l'avoir enfantée.

Ce fut une vieille tante qui éleva Brigitte déjà pleine de grâces naturelles et surnaturelles. Dieu seul, dès sa plus tendre enfance, était l'objet des pensées de cette enfant choisie dont la précoce intelligence qui rayonnait déjà par les yeux ne se manifesta cependant par la parole qu'à l'âge de trois ans.

A dix ans elle entendit un sermon sur la Passion qui fit sur elle une grande impression et détermina le caractère et la direction de sa vie.

La nuit suivante, Brigitte dont l'imagination avait été fortement frappée par les peintures éloquentes que le prédicateur avait faites des douleurs de l'Homme-Dieu, entendit une voix qui lui disait :

— Regarde-moi, ma fille.

Brigitte obéit ; elle regarda et elle vit devant les yeux de son esprit Jésus couvert de sang et de plaies.

Alors, tout émue, l'enfant s'écria :

— Qui vous a traité de la sorte, Seigneur ?

Et l'apparition lui répondit :

— Ma fille, ce sont ceux qui dédaignent mon amour.

A partir de ce jour, Brigitte ne cessa de méditer sur les mystères de la Passion et son esprit la tenait sans cesse en présence du grand drame du Calvaire, pleurant au pied de la Croix.

Dans de tels sentiments intérieurs, le monde n'avait pas d'attraits pour elle et tout l'en éloignait.

Elle atteignit ainsi l'âge de seize ans.

Sa famille, alors, usa envers elle de tant d'instances et même d'injonctions pour la marier, qu'elle obéit et épousa le jeune Ulpho de Néricie.

Dès que les deux époux furent en communauté d'idées parfaite, le ciel bénit leur union et leur envoya huit enfants qu'ils élevèrent saintement et parmi lesquels on comptera une sainte canonisée, sainte Catherine de Suède.

Ulpho et Brigitte ne bornaient pas là leur vertu et ils exerçaient une charité abondante et généreuse, soignant les malades et les pauvres de leurs propres mains dans un hôpital qu'ils avaient fondé.

Bientôt Ulpho, qui possédait une charge à la cour, se démit de ses fonctions pour se consacrer uniquement avec sa femme aux exercices de la vie chrétienne.

Tous deux alors, ils entreprirent le pèlerinage de Saint-Jacques en Galice, au retour duquel Ulpho tomba dangereusement malade en la ville d'Arras.

Contre toute espérance, cependant, il guérit et, de retour en Suède, Brigitte et Ulpho, d'un consentement mutuel se séparèrent. Ulpho entrait, en effet, au monastère Cistercien d'Alvastra, moins pour y vivre que pour y mourir très peu de temps après à l'âge de quarante-quatre ans.

Brigitte en avait quarante-deux.

Libre, maintenant, elle s'élança de nouveau dans la carrière de la sainteté avec tout l'essor un instant interrompu de ses premières années.

Tout d'abord elle partagea entre ses enfants l'héritage paternel, intégralement et sans en rien réserver pour elle-même, non plus que de ses propres biens. Puis elle fonda, à Walestena, au diocèse de Sinköping, un monastère de soixante religieuses en l'honneur de la sainte Vierge; elle donna à son œuvre le nom d'Ordre du Sauveur et le fit approuver par le Pape.

Toutefois, elle ne prit pas elle-même l'habit de son ordre nouveau quoiqu'elle y vécut deux ans, et elle se rendit à Rome où elle fonda une maison d'études pour les Suédois et un hospice pour les pèlerins de ce pays.

Elle eut alors, dans la ville éternelle, où bientôt elle était devenue célèbre, de merveilleuses révélations qui excitèrent l'admiration des uns et l'envie des autres.

Alors ses sentiments de plus en plus exaltés pour les mystères de la Passion la conduisirent en pèlerinage à Jérusalem malgré son âge déjà avancé et ses infirmités précoces, puis elle revint au milieu de grands dangers et d'obstacles, et se mit à visiter tous les sanctuaires de l'Italie et de la Sicile.[1]

Ce fut alors qu'elle se présenta au pape Urbain V pour lui reprocher sa résolution de regagner Avignon, comme une lâcheté et une honte qui ferait tache dans l'Eglise et dans son pontificat.

---

(1) Sainte Brigitte se fixa enfin à Rome et y mourut le 23 juillet 1373 dans sa soixante et onzième année. De ses huit enfants, deux seulement étaient encore en vie : sa fille Catherine et son fils Birger.

Il vint de telles foules contempler sa dépouille mortelle qu'il fallut retarder ses funérailles. Elle fut enfin inhumée dans la chapelle des Clarisses et les miracles se multiplièrent sur sa tombe ainsi que lors de la translation de ses restes à Walestena, sa patrie, dans le couvent qu'elle y avait fondé. Ses révélations furent rédigées sous sa dictée par deux religieux cisterciens, Mathias de Luikoping et Pierre d'Alvastra, ses confesseurs. Toutefois, leur rédaction est inférieure dans la forme, pour la simplicité et la clarté, à la pensée originale de sainte Brigitte qui s'en est trouvée même altérée. Le Concile de Bâle, sur le rapport du théologien Turrecremata les approuva malgré certaines oppositions et Benoît XIV a déclaré qu'elles ne renferment rien de contraire à la foi et peuvent être lues par tous les fidèles avec utilité. Cependant, quand on a lu les révélations de sainte Brigitte, on reste convaincu qu'elles ont une portée mystique de beaucoup plus élevée que la sphère de la simple piété. Sainte Brigitte fut canonisée dix-huit ans après sa mort par Boniface IX. Son ordre se répandit dans le nord et rendit de grands services à la Religion.

— Eh quoi! lui dit-elle, comme Pierre d'Aragon lui-même, vous voulez quitter Rome et annihiler en un jour l'œuvre courageuse que vous avez faite et après laquelle l'Eglise entière soupirait? Quel voile s'est étendu sur votre esprit, et espérez-vous donc jouir à Avignon de ce repos que vous cherchez loin du poste que vous devez conserver? De grands malheurs fondront sur l'Eglise à la suite de cette triste détermination; en tout cas, je vous annonce, de la part de Dieu, que vous ne jouirez pas du repos que vous cherchez dans ce nouvel exil; à peine serez vous de retour à Avignon que la mort se présentera devant vous et vous fera amèrement regretter votre désertion.

Urbain, quoiqu'au témoignage de ses contemporains il fut un homme de grande piété, sourit à ces paroles et ne fut pas ébranlé par ces menaces.

Il refusa de croire que ces avertissements fussent inspirés de Dieu et, obstiné dans sa résolution, il prit la route de la France.

Le 5 septembre 1370 la Papauté s'embarquait avec lui à Corneto, à la grande joie des cardinaux français, et, le 24 septembre, la cour pontificale faisait son entrée au palais d'Avignon.

Le 29 du même mois, la menace de Brigitte était accomplie et réalisée. Urbain V était mort.

Le double vœu de Guillaume Grimoard était lui-même bizarrement exaucé. Il avait vu la Papauté à Rome et il était mort après cette courte vision dont il avait été le spectateur et le principal acteur.

Mais le coq avait chanté et le successeur d'Urbain allait défini ivement entendre sa voix puissante malgré les vents contraires qui vont s'efforcer d'en étouffer les échos.

Hélas! si Brigitte a dit vrai, Pierre d'Aragon a dit vrai aussi et le schisme d'Occident qui est proche va bientôt désoler l'Eglise.

XI

C'est à partir de cette époque que Catherine de Sienne entre véritablement dans l'action sur la scène vivante de l'histoire de l'Eglise.

Catherine qui était déjà en relation avec la plupart des princes, appliquait tout son zèle à exciter à la croisade tous ceux qui pouvaient entendre sa voix.

Cette œuvre ardente devait être stérile, pour des raisons que nous avons maintes fois exposées.

Toutefois, la vierge Siennoise commençait à diriger son influence vers les affaires même de l'Eglise et de la Papauté.

Ses extases étaient toujours fréquentes et l'avenir lui était souvent dévoilé dans des visions.

Un jour, frère Raymond, son directeur, qui venait d'apprendre la nouvelle révolte de Pérouse, étant alors avec elle à Pise, la lui annonça avec des sanglots et des larmes qu'il ne pouvait retenir.

Catherine, pleine d'un esprit prophétique, lui dit :

— Ne pleurez pas maintenant, gardez vos larmes pour plus tard, car vous aurez alors vraiment trop à pleurer. Ce que vous voyez aujourd'hui n'est rien en comparaison de ce qui doit suivre.

Raymond, étonné, lui répondit :

— Que dites-vous, ma fille? Il ne saurait y avoir pour le peuple chrétien, de plus grands malheurs que le manque de vénération pour l'Eglise et le mépris des excommunications papales.

— Mon père, répondit Catherine, ces crimes sont ceux des laïques, mais vous verrez bientôt les clercs en commettre de plus grands. Ils susciteront un scandale universel dans toute l'Eglise, lorsqu'elle voudra entreprendre de réformer leurs mauvaises mœurs. Ce ne sera pas précisément une hérésie, mais un schisme dans toute la chrétienté ; préparez-vous donc à la patience, car vous verrez de vos yeux toutes ces choses.[1]

Catherine était alors à Pise pour y faire l'œuvre qu'elle poursuivait dans toutes les autres villes de l'Italie, la prédication de la fidélité au Pape et la paix de Jésus-Christ.

Ce fut dans cette ville de Pise que, sous les yeux même du frère Raymond, comme le séraphique saint d'Assise, elle reçut les stigmates du crucifiement.

Elle était en extase, les bras en croix, dans l'église de Sainte-Catherine, le visage resplendissant d'une beauté surhumaine, lorsque, tout à coup, on la vit tomber comme foudroyée et la face contre terre.

Quelques instants auparavant, frère Raymond lui avait donné le pain eucharistique.

Revenue à elle, elle lui dit :

— Mon père, sachez que je porte sur mon corps les stigmates de Jésus-Christ. J'ai vu mon Seigneur descendre avec éclat sur sa servante, et mon âme, en voulant s'élancer au devant de mon Sauveur, a fait faire un suprême effort à mon corps. A cet instant, des plaies de Jésus-Christ sont sortis comme cinq rayons de la couleur du sang ; deux par-

____

(1) Fr. Raymond : *Vie de sainte Catherine de Sienne.*

taient des mains, deux des pieds, et le cinquième du côté gauche vers la région du cœur. En même temps, j'ai été entouré d'une lumière étincelante.[1]

La réputation de sainteté de Catherine était déjà grande. Les Chartreux de l'île de la Gorgone, située non loin de Pise, voulurent la voir et, cédant aux instances de leur prieur, Dom Barthélemy de Ravenne, elle se rendit dans leur île avec plusieurs compagnes et compagnons, au nombre desquels le frère Raymond, et les émerveilla tellement par ses discours, qu'ils l'admirèrent comme une savante et la vénérèrent comme une sainte.

A Pise, un célèbre médecin, maître Giovanni Guttabraccia, et un jurisconsulte, maître Pietro Albizzi, entreprirent de confondre avec des arguments scolastiques, cette fille assez téméraire à leurs yeux pour oser expliquer l'Ecriture Sainte et se mêler de théologie; ce fut Catherine qui les confondit au point qu'ils se jetèrent à ses pieds en la regardant comme une inspirée et une sainte.

Revenue à Sienne, elle médita le plan grandiose que nul homme de son temps n'avait conçu et qui embrassait, à la fois, la religion et la civilisation, l'Italie et l'Europe, l'intérêt particulier des nations et les intérêts généraux de l'univers.

Pacifier sa patrie par la réforme des mœurs et l'expansion des saintes maximes chrétiennes; conserver la civilisation chrétienne en Europe en arrêtant l'invasion turque par la croisade, inutile jusqu'alors; délivrer entièrement l'Église des maux qui la rongeaient, en replaçant la papauté à Rome

---

(1) La peinture a retracé plusieurs fois le souvenir de ce prodige qui fut l'objet d'une grande contestation entre les Franciscains et les Dominicains. Les Franciscains niaient sa réalité, les Dominicains, au contraire, l'affirmaient. La dispute fut si vive que les papes durent intervenir. Aujourd'hui que les querelles et les rivalités entre Franciscains et Dominicains sont calmées, toute l'Eglise honore les stigmates de sainte Catherine de Sienne dont le Dominicain Grégoire Lombardelli à la demande de Clément VIII a soutenu la réalité dans un long ouvrage latin.

et en leur rendant à toutes deux leur antique et primitive
grandeur, telle était l'œuvre immense que son génie embrassait d'un coup d'œil dans ses détails et dans son unité et
qu'elle se donnait la tâche de poursuivre énergiquement et
sans faiblesse.

Il y avait près de soixante-dix ans que les Papes avaient
quitté l'Italie pour la France et les bords du Tibre pour ceux
du Rhône, et depuis leur départ l'Italie était bien changée.

La Péninsule était divisée en une foule de petites principautés ennemies les unes des autres et dévorées de l'ardeur
au combat en même temps que rongées d'ambition.

Tous ces petits tyrans étaient, à la fois, les fléaux de leurs
sujets et de l'Eglise.

D'ailleurs, les légats pontificaux qui gouvernaient les
Etats de l'Eglise au nom du Pape y étaient très mal vus, car
leur administration était aussi mauvaise et peu ecclésiastique
que possible, comme cela ressort des reproches sévères que
les saints contemporains leur font sans cesse au nom de la
perfection évangélique et de la charité du Christ indigne-
ment travesties dans leurs œuvres.

— Votre domination, leur dit saint Antonin de Florence,
est intolérable et pleine d'orgueil; ce n'est pas à l'Eglise,
c'est à vous que vous voulez soumettre les libres cités italiennes. Ce n'est pas la paix que vous voulez, c'est la guerre.
L'Italie est dévorée par les étrangers, votre présence atteste
la misère et la servitude des peuples, et tous vous haïssent.[1]

— Les Florentins, je l'admets, dit Catherine, sont sans
excuse pour leur conduite, mais il paraît qu'ils ne pouvaient
faire autrement à cause des exactions et des injustices que
leur ont fait souffrir de mauvais pasteurs et de mauvais
gouverneurs.[2] L'orgueil et l'impureté ravagent aujourd'hui

---

(1) S. Antonin, *Chroniques*, t. iii, ch. 151, tit. xxii. Tous les historiens du temps
parlent le même langage.

(2) Lettres 1 et 4.

le peuple chrétien, et que dire des prélats, des pasteurs et des administrateurs de la Sainte Eglise, qui, avec tout cela, mangent ou plutôt dévorent les âmes ! Non, ils ne les convertissent pas, ils les dévorent à cause de l'amour immodéré qu'ils ont pour eux-mêmes et qui engendre l'orgueil, la cupidité, l'avarice et les souillures du corps et de l'esprit.[1]

Aussi, Catherine voyait nettement s'amonceler les nuages de l'épouvantable tempête qui allait se déchaîner sur l'Eglise et la Papauté et ensanglanter toute l'Europe.

Comme les autres saints de tous les temps, ce n'est qu'aux vices des hommes que Catherine s'attaque et non pas à l'autorité dont ils sont revêtus.

« Nous ne devons pas, dit-elle, aimer les vices que nous voyons dans les créatures. Nous devons aimer la créature elle-même et respecter l'autorité que Dieu a confiée à ses ministres en lui laissant le soin de les juger et de les punir de leurs fautes ; car Dieu seul est le juge suprême, dont tous les jugements sont équitables et qui rend à chacun selon ses œuvres. Ne serions-nous pas trop déraisonnables de vouloir juger autrui, nous qui tombons dans les mêmes fautes ?[2] Ce ne sera pas une excuse pour les pécheurs de se couvrir des fautes des ministres du sang divin comme d'un manteau. Nous poursuivons seulement, dit-on, les défauts des mauvais pasteurs ; eh bien ! en admettant même que ces ministres soient des démons incarnés et remplis de misères, nous ne devons pas être les bourreaux et les justiciers du Christ envers les oints du Seigneur.[3]

A cette époque, c'était surtout la république de Florence qui troublait le repos de l'Italie, conviant les autres villes à la révolte contre le Pape, qu'elle accusait de vouloir anéantir la liberté.

(1) Lettre 3.   (2, Lettre 317.
(3) Lettre 284 aux Florentins.

Rien n'était plus ardu que l'œuvre de Catherine, qui connaissait les raisons et les torts des uns et des autres et voulait à tout prix éviter de part et d'autre l'emploi des moyens violents, soit au point de vue temporel, soit au point de vue spirituel.

Aussi, n'a-t-elle qu'un mot à la bouche, soit qu'elle s'adresse aux Florentins, soit qu'elle ait recours au Pape : La paix! la paix à tout prix et quand même! La paix de l'Agneau! la paix de Jésus-Christ!

Grégoire XI était alors sur le siège pontifical.

XII

Onze jours après la mort d'Urbain V, le 30 décembre 1370, un nouveau pape avait été élu par le Sacré-Collège.

C'était Pierre Roger de Beaufort, neveu de Clément VI, auquel il avait dû, à l'âge de dix-huit ans, d'être nommé cardinal du titre de Sainte Marie-Nouvelle.

Il avait alors quarante ans et avait pris le nom de Grégoire XI.

A peine était-il élu, que Brigitte de Suède avait eu une vision. Pendant qu'elle priait pour le pape, le Sauveur lui était apparu et lui avait dit :

— Faites bien attention à mes paroles. Sachez que ce pape Grégoire est semblable à un paralytique qui ne remue ni les mains pour travailler ni les jambes pour marcher. Le froid de son amour envers moi tient ce pape comme empêché. Mais, à la prière de la Vierge Marie, ma Mère, il commencera de mouvoir les mains et les pieds, c'est-à-dire de faire ma volonté et de travailler, à Rome. C'est pourquoi, sachez très certainemeut qu'il viendra à Rome ; là il commencera la voie de quelques biens futurs, mais il n'achèvera pas.[1]

(1) Cité par Rohrbacher.

Grégoire était un homme qui passait pour versé dans la philosophie, la théologie et le droit. Déjà revêtu de la pourpre, il n'en était pas moins allé se faire, à Pérouse, l'écolier du célèbre jurisconsulte Baido des Ubaldi, auquel il garda une grande estime. On l'avait surnommé le Pieux et, à sa piété il joignait l'humilité, la modestie, la douceur, la circonspection et même la timidité.

Petit de taille, il était, en outre, d'un corps faible et maladif, et son visage pâle reflétait la plupart du temps la souffrance. En un mot, c'était un homme plutôt fait pour vivre dans le repos d'un calme parfait, que dans les luttes difficiles que son pontificat devait soutenir et vers lesquelles le poussera si ardemment Catherine de Sienne, quoique dans le sens de l'énergie dans la paix.

Dès les premiers jours, elle se met en rapport avec lui et bientôt va devenir comme son guide et sa lumière.

« J'espère, lui écrit-elle, que, par la bonté divine, vous éteindrez en vous l'amour-propre, ô mon vénérable Père, et que vous n'aimerez pour vous ni vous-même, ni le prochain, ni Dieu non plus. Je veux que vous soyez un bon et véritable pasteur, prêt, si vous possédiez mille vies, à les donner toutes pour l'honneur de Dieu et l'amour de ses créatures.

» O mon tendre Christ de la terre! imitez le doux Grégoire le Grand, tout ce qu'il a fait, vous pouvez le faire, car il était de la même chair que vous, et vous êtes aujourd'hui ce qu'il était alors. Rien ne nous manque que la vertu et la soif du salut des âmes; mais, à notre tiédeur, il y a un remède : c'est de nous détacher de l'amour de nous-mêmes et de toute créature en dehors de Dieu. Ne nous arrêtons donc plus à nos parents, à nos amis ou à nos nécessités temporelles, appliquons-nous seulement à la vertu et aux choses spirituelles.[1] »

---

[1] Sainte Catherine de Sienne, *Lettre* 1.

Ce fut à la suite d'une promotion récente de cardinaux parmi lesquels Grégoire n'avait pas oublié sa famille, au contraire, que Catherine lui écrivit ces choses qui le touchèrent au cœur et le rendirent désormais moins sensible à l'ambition des siens.

C'était sur l'idée commune de la croisade que Catherine et le pape Grégoire XI s'étaient tout d'abord rencontrés. A cette époque si pleine de terribles dangers intérieurs et extérieurs à la chrétienté, ceux qui voyaient de loin mettaient toute leur espérance dans cette vieille idée déjà bien usée mais qu'ils espéraient revivifier dans l'âme des princes et des peuples chrétiens.

Il ne s'agissait plus, du reste, de délivrer le Saint-Sépulcre ni de reconquérir Jérusalem; mais de sauver la civilisation chrétienne menacée plus que jamais par les infidèles, tant en Occident qu'en Orient. Il s'agissait surtout d'arracher les royaumes chrétiens à cette anarchie lamentable qui faisait de l'Europe un immense champ de bataille sans cesse ensanglanté par les luttes les plus fratricides.

Comme ses prédécesseurs, Grégoire ne négligea rien dans ce but dès le début de son pontificat, employant, pour déterminer les princes, tous les moyens spirituels et tous les moyens temporels.

Vains efforts, ni la voix du pontife, ni celle de Catherine, ni le zèle de leurs agents ne réussirent à faire briller la moindre étincelle efficace d'unité sur ce pandémonium de toutes les passions déchaînées qu'était l'Europe du XIVe siècle.

Moins que jamais on pouvait espérer compter pour quoique ce fut sur qui que ce fut. Depuis longtemps, d'ailleurs, l'expérience en était faite dès avant les malheurs de Saint-Louis, et l'on se demande non sans quelqu'étonnement si une telle espérance tenait davantage de l'aberration ou de l'incapacité chez ceux qui s'obstinaient à vouloir faire refleurir cette verge desséchée.

Le labeur de Catherine fut immense pour cet objet, comme l'histoire en témoigne, et si ce renouveau eut été possible, elle en eut certainement été à la fois, le Pierre l'Ermite, le saint Bernard et le Robert d'Arbrissel. Pourtant, elle qui voyait l'avenir, devait bien connaître l'inutilité profonde de ses héroïques efforts.

Ce qui la trompa, sans doute, ce fut l'enthousiasme partiel que sa conviction excita çà et là, ce furent les fallacieuses promesses de certains princes et capitaines, la bonne volonté même d'un certain nombre. Mais qu'est-ce que tout cela sans l'ordre, la discipline, l'unité, sans des hommes sûrs et des hommes de caractère? Or, tout cela manquait à ce siècle, et dans cette Europe où les passions égoïstes sévissaient avec rage, dans ce monde désordonné où l'on voyait, comme à Crécy, une noblesse passer sur le corps de ses troupes auxiliaires pour leur prouver et se prouver à elle-même qu'elle valait mieux qu'elles!

Pendant ce temps-là, toute l'Italie, à la suite de Florence levait contre le pape, en haine de ses légats et de leur administration oppressive, l'étendard de la révolte.

Catherine qui est italienne et mêlée à toutes les querelles de son temps, voit bien les choses sous leur vrai jour; elle sait bien que ces révoltes ne sont que trop motivées, mais elle sait aussi que la colère du pape peut s'allumer et répondre à la guerre par la guerre.

Pendant qu'elle fait tous ses efforts pour calmer les esprits, notamment à Lucques et à Pise, elle n'hésite pas à faire appel au pape en suppliante. Elle le conjure de vouloir la paix, la paix quand même, de ne pas écouter les prélats qui le poussent aux représailles et à la guerre, mais, au contraire, de se souvenir qu'avant d'être roi il est pasteur et doit épuiser les trésors de la miséricorde, de la mansuétude et du pardon.

Elle envoie à Grégoire un moine porteur d'une lettre dans laquelle elle lui dit :

« Je comprends que vous soyez tenu de conserver les richesses de l'Eglise, mais vous l'êtes bien plus encore de lui conserver les âmes et de reconquérir tant de brebis dont la perte l'appauvrit si douloureusement. Il vaut mieux abandonner l'or des choses temporelles que celui des choses spirituelles. Faites donc tout ce que vous pourrez et vous serez justifié devant Dieu et devant les hommes; vous les vaincrez plus sûrement avec les armes de la douceur, de l'amour et de la paix, qu'avec celles de la guerre, et vous rentrerez ainsi en possession de ce qui vous appartient spirituellement et temporellement.

» En recueillant mon âme devant Dieu seul avec une soif inextinguible du salut, de la réforme de la sainte Eglise et du bien de l'univers entier, il ne me semble pas que Dieu me manifeste un autre remède que la paix et je n'en vois point d'autre en lui.

» La paix, donc, la paix! pour l'amour de Jésus crucifié! Ne vous arrêtez pas à l'ignorance, à l'aveuglement et à l'orgueil de vos enfants. Avec la paix vous unirez les cœurs et vous en arracherez la guerre, les divisions et les rancunes.

» Ce n'est pas pour vous enseigner que je parle ainsi; mais j'y suis contrainte par la vérité elle-même et par le désir que j'ai, ô mon doux Père! de vous voir dans la paix et dans le repos de l'esprit et du corps, car je ne vois point qu'au milieu de ces discordes, vous puissiez avoir une heure de tranquillité quand le bien des pauvres est dilapidé en soldats qui dévorent le sang et la vie des hommes![1] »

« Songez, ajoute la sainte en terminant sa lettre, que cette guerre serait un obstacle certain à nos vœux les plus ardents, la réforme de l'Eglise; or cette réforme ne pourra être accomplie que lorsqu'elle sera gouvernée par de bons pasteurs, chose bien difficile tant que le pape croira avoir

(1) Lettre 2.

besoin des princes et des grands, ce qui le force à nommer des pasteurs qui leur conviennent, bien qu'il n'y ait jamais de raison suffisante pour les choisir selon les hommes et non selon Dieu.[1] »

Mais dans son ardent amour de l'Eglise, de sa patrie, de l'univers et de la paix, l'infatigable Catherine ne s'en tient pas à ce message. D'un côté, en effet, elle voit que la révolte gagne du terrain en Italie, d'autre part elle voit que loin de s'améliorer, l'administration des légats et leurs tendances sont telles que le gouvernement pontifical est obligé de se défendre contre les accusations des mécontents; elle sait aussi qu'à Avignon, si les rares cardinaux italiens sont partisans comme elle de la paix, les cardinaux français, au contraire, poussent sans relâche le pape à la guerre; à peine son premier messager est-il parti qu'elle en envoie un autre, un de ses plus chers disciples de Sienne, Néri de Landoccio, porteur d'une nouvelle lettre pour Grégoire.

Son refrain est toujours le même, elle ne se lasse pas de le répéter :

« La paix! la paix! mon doux Père, la paix à tout prix et non plus la guerre! Vous êtes le Christ de la terre, faites comme le Christ du ciel qui donne sa vie pour ses brebis et surtout pour celles qui sont sorties du bercail. Sacrifiez l'intérêt, immolez-le sur l'autel de la miséricorde et de l'amour. Je vous en supplie, suivez les traces de l'infinie bonté du Christ; nommez en Italie des légats qui soient enfin dignes du Christ, de l'Eglise et de vous et donnez-nous la paix! »

Mais la sainte, dans son ardent dévouement, est persuadée qu'elle n'en a point fait assez encore. Elle songe à intéresser à sa cause, à celle de l'Italie, à celle de l'Eglise, à celle de la paix, ceux qui entourent immédiatement le pape, et voici

(1 *Ibid.*

qu'elle se met à l'œuvre pour s'en faire des auxiliaires, pensant qu'ils auront peut-être plus d'influence encore qu'elle même sur le cœur du pontife souverain.

Elle connaît Grégoire, elle le sait faible et timide, elle veut l'enlever aux perversités des hommes pour l'entourer comme d'une cuirasse avec la lumière même du cœur ardent de Jésus-Christ dont son propre cœur de sainte est le si fidèle réflecteur.

Elle écrit au secrétaire de Grégoire, Nicolas d'Osimo, au cardinal Jacopo Orsini, à Pierre cardinal Portugais, elle les supplie de décider le pape à la paix à tout prix, et comme si ce n'était pas assez encore, elle écrit toujours à Grégoire et déjà elle entame le chapitre du retour nécessaire de la papauté à Rome.

Et son refrain est toujours le même :

« O mon doux et très saint Père, il n'y a pas d'autre remède que celui que je vous indique... au nom de Jésus crucifié, écoutez-moi, triomphez de la malice par la seule charité. Nous sommes à vous, je le reconnais, mais je sais que presque tous croient n'avoir pas mal fait. Leur conduite est inexcusable, soit, mais ils ont cru ne pouvoir agir autrement tant ils ont souffert des peines, des injustices et des iniquités que leur ont fait endurer les mauvais pasteurs et les mauvais gouverneurs. En sentant l'infection de la vie de ces hommes que vous savez être des démons incarnés, ils ont été saisis d'une telle frayeur que, de même que Pilate tua le Christ pour ne pas perdre le pouvoir, pour ne pas perdre l'Etat, ils vous ont persécuté.

» Miséricorde! Père! rendez-nous la paix! Doux Christ de la terre, je vous le dis de la part du Christ du ciel, au nom du Dieu d'amour, hâtez-vous, hélas! de déployer l'étendard de la sainte croix et vous verrez les loups devenir des agneaux. La paix! la paix! la paix!

» S'il vous faut absolument justice et vengeance, frappez

sur moi, misérable femme que je suis et infligez-moi telle peine et supplice qu'il vous plaira, fut-ce la mort. Je crois que c'est l'infection de mes iniquités qui a causé beaucoup de ces malheurs et de ces discordes; déchargez donc sur moi toute votre vengeance, sur moi seule, votre pauvre petite fille.[1] »

Comment n'être pas touché par de tels accents! Cependant, les révoltés étaient devenus très forts et le pape avait tout disposé déjà pour la guerre; il avait pris à sa solde une compagnie d'intrépides Bretons à qui il avait dit :

— Votre bravoure est célèbre et passe même pour témé-raire. Etes-vous capables d'entrer à Florence?

Et les Bretons avaient repondu :

— Nous y entrerons puisque le soleil y entre bien!

Cependant, les supplications de Catherine ne furent pas vaines. Grégoire qui, après tout, était bon et l'estimait, envoya à Florence deux ambassadeurs pour offrir la paix.

C'était Nicolas Spinello de Giovinazzo, sénéchal de Provence, et le gênois Barthélemy Giacoppi.

Grégoire offrait aux Florentins d'affranchir deux villes des Etats de l'Eglise, Pérouse et Citta di Castello, à con-dition qu'ils renonceraient à la guerre et cesseraient d'exciter Bologne à la révolte.

Ceux qui voulaient la paix à tout prix, et Catherine à leur tête, étaient d'avis d'accepter ces conditions comme favo-rables, et peut-être le traité eut-il été conclu.

Mais qui donc peut se flatter d'arrêter les avalanches révolutionnaires quand elles ont été déchaînées?

Pendant qu'on discutait, les *Huit* du conseil de la guerre déclaraient qu'ils ne voulaient rien entendre et ordonnaient au comte Antonio de Bruscoli d'aller sur l'heure même soulever Bologne dont le légat dut s'enfuir, trop heureux d'avoir seulement sauvé sa vie.

(1) Lettre 4.

Catherine et ses partisans épuisaient en vain leurs efforts contre ce torrent et regardaient, navrés, éclater l'ouragan.

Grégoire XI, toutefois, toujours en vue de suivre les avis de Catherine, songeait à transporter le débat sur le terrain spirituel.

Il cita à comparaître devant lui le gonfalonnier de Florence et les autres chefs de l'Etat, en personne ou par procuration, afin d'exposer leurs griefs, les menaçant de l'anathème s'ils refusaient de se présenter.

Les *Huit*, quoique décidés à ne se réconcilier jamais avec le gouvernement pontifical, ne voulaient pas cependant passer pour ennemis de la papauté et ils résolurent de répondre à l'appel de Grégoire.

Catherine vit partir avec angoisse leurs délégués et ce n'était pas sans raison.

XIII

FACE A FACE.

Le pape avait fixé tout le mois de mars comme suprême délai.

Ce fut le 31 mars qu'Alexandre d'Antella, Dominique de Salvestro et Donatien Parbadori, députés de Florence, se présentèrent à Avignon à l'heure même où allait être fulminée l'excommunication promise.

Assis sur son trône, Grégoire les reçut, entouré des cardinaux. Un secrétaire lut aux députés l'accusation qui portait sur les chefs suivants :

La seigneurie de Florence avait promulgué des décrets contre les censeurs de la foi et violé le droit ecclésiastique. Bien plus, sur le simple soupçon qu'il aimait peu la République, elle avait fait mettre cruellement à mort un moine innocent; elle avait poussé à la guerre contre l'Eglise ses propres Etats au nom de la liberté; enfin, au mépris des choses les plus sacrées, elle osait donner le nom de saints aux *Huit* promoteurs de la révolte.

Barbadori, dont l'éloquence était célèbre, prit alors la parole sur un ton et avec une audace qui annonçaient assez que si le pape était offensé, la République de Florence ne l'était pas moins et entendait que ses ambassadeurs prononçassent un réquisitoire et non une défense.

Tout d'abord, il rappela les refus de blé faits par les légats à la honte et au mépris des lettres du pape; les dévastations commises sur les terres de la République par ordre du cardinal de Saint-Ange; les complots ténébreux du légat de Pérouse contre Sienne et jusqu'à la présence d'espions envoyés à Florence pour relever les plans de défense de la République. Il exalta ensuite le devoir sacré qu'a tout citoyen de conserver ses antiques lois et ses imprescriptibles libertés, puis, après s'être plaint amèrement de l'orgueil et de la tyrannie des Français, il s'écria en terminant son discours :

« Votre devoir, Saint-Père, était de mettre un frein à la cupidité brutale de votre légat, à son ambition sans bornes; vous auriez dû éteindre le commencement de l'incendie, défendre l'indépendance de vos enfants, et, repassant dans votre mémoire les bienfaits dont notre peuple a comblé les pontifes romains, soutenir seul notre cause contre tous.

» Devons-nous donc être regardés comme les auteurs de la guerre, nous qui n'avons pris les armes que pour défendre notre patrie, nos femmes, nos enfants et notre propre vie? N'est-ce pas, au contraire, votre légat qui a causé tout le mal en troublant par tous les moyens en son pouvoir la paix et le repos dont nous jouissions?

» Certes, très saint Père, si vous consentez, comme il convient au vicaire du Christ, à vous dépouiller de toute passion pour porter un jugement équitable, vous ne nous attribuerez en rien cette guerre, vous ne nous accuserez d'aucune faute, puisque nous n'avons obéi qu'à la nécessité, cette indomptable puissance qui fait sortir de leur léthargie jusqu'aux plus lâches et aux plus paresseux.

» Nous ne nions pas que la révolte se soit propagée dans la plupart des possessions de l'Eglise, mais elle a été le fruit de l'orgueil et de l'avarice des gouverneurs, hommes détestables, auxquels il n'est rien de si déraisonnable et de si insensé qui ne semble permis.

» S'il s'est trouvé des rebelles même dans vos Etats, ce n'est point qu'ils aient voulu se soustraire à votre domination qui ne pèse à personne, c'était uniquement pour échapper au gouvernement inique de vos préposés. Et si nous leur avons prêté quelques secours il faut considérer qu'en tâchant, par compassion pour leur misère de leur procurer une existence moins pénible, nous avons travaillé à la conservation de la nôtre.

» Qui jamais, dans la religieuse Florence, a osé tenter quelque chose contre votre dignité, très saint Père, contre votre autorité ou contre celle de l'Eglise Romaine?

» Ne l'avons-nous pas, au contraire, défendue toujours de tout notre pouvoir contre les empereurs, les rois et les tyrans? Et maintenant, inspirés seulement par notre amour pour la patrie, nous avons cherché à mettre un frein aux fureurs de ceux qui cherchaient à nous ôter la vie. Daignez donc, très saint Père, nous défendre comme vos enfants contre leurs violences. Souvenez-vous de votre propre bonté. et n'oubliez pas la miséricorde et la charité qui conviennent à un pontife du Christ. Regardez d'un œil de père les enfants de notre cité, contraints pendant une longue disette, à souffrir les tortures de la faim, tandis que vos légats, non contents de leur refuser du pain, leur ôtaient même l'espérance d'en obtenir.

» Considérez avec attendrissement votre fidèle et innocente Faënza, propriété de l'Eglise, méchamment ruinée par vos propres légats.[1]

(1) Cette ville avait été saccagée par Aguto, lieutenant du légat. Manquant d'argent, pour en avoir il la mit au pillage, emprisonnant, chassant, massacrant les habitants et faisant notamment de véritables hécatombes de petits enfants. — (Muratori, *Annales*, ann. 1376.)

Nous empruntons ces documents au R. P. Alphonse Capecelatro, de l'Oratoire de

» O calamité cruelle! crime épouvantable! détestable cruauté! Qui pourrait retenir ses larmes à la vue des citoyens massacrés, des vierges et des mères de famille réservées aux plus honteux outrages, des enfants arrachés au sein maternel et des aïeules chassées avec barbarie de leurs maisons et réduites à mendier leur pain!...

» O saint Père, si, au lieu de condamner de si abominables iniquités, vous poursuivez ceux qui s'y sont courageusement opposés, que Dieu et que Dieu seul soit juge entre nous! »

Devant ce chef-d'œuvre oratoire prononcé par l'orateur florentin d'une voix ardente, frémissante et, par moments, terrible, l'assemblée entière était en proie à une émotion telle qu'à plusieurs elle arrachait des larmes. Si on les eut consultés sur l'heure, nul doute qu'ils eussent épousé la cause de Florence.

Grégoire, pâle et ému lui-même, voulut répondre à l'instant pour effacer de l'esprit des assistants l'effet magique de cette éloquence par une argumentation froide, au terme de laquelle il remit à quelques jours le prononcé de son jugement.

Pendant ce temps là les cardinaux Français se ressaisirent et l'émotion fit place en eux à la colère. Tandis que les cardinaux italiens, malheureusement en minorité, émettaient l'avis que la douceur devait prévaloir quand même, les autres, qui avaient la majorité, excitaient le pape à employer toute la rigueur des armes spirituelles et temporelles.

Hélas! Catherine n'était pas là pour faire pencher la balance du côté de la miséricorde et de la charité. Grégoire, déjà circonvenu par ceux qui le poussaient à la rigueur,

Naples, dans son remarquable ouvrage : *Hist. de sainte Catherine de Sienne et la Papauté de son temps*; traduit par Mme Elisa Jal et revu par un Dominicain. (Poussielgue, 1863. — Biblioth. Dominicaine.)

reçut la nouvelle de la révolte de Bologne et le parti de la force triompha.

Devant toute la curie réunie de nouveau et en présence des orateurs de la République de Florence, Grégoire XI excommunia les Florentins et mit leur ville en interdit, ce qui voulait dire, à cette époque, que les citoyens de Florence étaient de ce chef mis hors toute loi et que n'importe qui pouvait s'emparer de leurs biens en toute sûreté de conscience comme de ceux d'infidèles dont la vie même n'était plus rien.

Les députés de la République écoutèrent cette sentence avec une colère sourde et contenue. Elle ne fut pas plutôt achevée que Barbadori, avec toute la fougue de son caractère et la certitude qu'il avait de ne voir personne oser mettre la main sur un représentant d'une libre République italienne, dans la crainte des plus sûres représailles, se jeta à genoux devant un crucifix qui ornait la salle et s'écria d'une voix tragique :

— « J'en appelle à vous, mon Dieu, de l'injuste sentence de votre vicaire; j'en appelle à ce jour redoutable où, venant juger l'univers, vous ne ferez acception de personne. En attendant, Seigneur, défendez notre République des cruels anathèmes fulminés contre elle! »

Et, se relevant alors, il sortit fièrement de la salle, laissant les assistants émus et surpris de sa hardiesse.

Ce fut ainsi que la fierté patriotique de Florence compromit l'œuvre qu'allait mener à bien l'humilité chrétienne de Catherine.

Toutefois, rien n'était encore irrémédiablement perdu; les intérêts qui divisent rapprochent aussi quelquefois et ce serait, du reste, bien mal connaître l'âme héroïque d'une Catherine de Sienne que de la croire capable d'abandonner la lutte alors que la bataille même paraît perdue; elle est trop patriote, elle est trop chrétienne, elle a une vision trop profonde des maux de l'Eglise et de leurs causes immédiates ou éloignées, elle poursuit un trop noble but pour s'arrêter en chemin.

C'est elle qui triomphera si le triomphe est possible.

XIV

Florence n'était pas une ville vivant dans ses murailles;
Florence était une ville qui vivait de son immense commerce,
et le commerce de Florence se trouvait sur toutes les routes
de l'univers.

Or, il n'était pas maintenant un Florentin qui, du fait de
l'excommunication et en quelque lieu qu'il fût ne fût exposé
à être dépouillé légitimement par le premier passant venu.

Alarmés de cet état de chose, les *Huit* songèrent à
Catherine et lui députèrent des ambassadeurs pour la prier
de prendre leur cause en ses mains et d'être leur médiatrice
afin que l'on sut bien qu'ils désiraient avant tout la paix.

Un tel choix, fait par Florence qui ne manquait pas
d'hommes éminents et même de saints, peut paraître inouï.
C'est que l'on regardait, à Florence, Catherine comme une
grande sainte en même temps qu'une grande patriote.

Aucun choix, d'ailleurs, ne pouvait être plus agréable au
peuple, qui avait pour elle une grande et enthousiaste vénération. De plus, on n'ignorait pas quelle influence elle
possédait sur le pape Grégoire.

Elle accepta humblement et, au mois de mai 1376, elle

arrivait à Florence, accueillie par la magistrature qui, pour lui faire honneur, était allée au-devant d'elle.

Tout d'abord, elle voulait prêcher aux Florentins la paix entre eux-mêmes et ce n'était pas une petite tâche dans une ville dont le gouvernement était d'une extraordinaire complexité que l'on eut cru combinée à dessein pour entretenir éternellement la division des citoyens; en tout cas, c'était pour assurer à la petite bourgeoisie, aux *popolani*, la conservation du pouvoir.

La magistrature suprême était investie du pouvoir exécutif, du droit de présenter les lois et de décider la guerre. Elle se composait de huit *popolani* appelés *prieurs des arts;*[1] chacun des quatre quartiers de la ville en élisait deux ainsi que trois *buonomini*, sortes de prud'hommes. Les *popolani* étaient présidés par un *gonfalonnier de justice*, nommé chaque fois par un quartier différent et qui n'exerçait que pendant deux mois les fonctions de sa charge. Dans les choses de grande importance on ne devait pas délibérer sans l'assentiment des *collèges* c'est-à-dire sans les *seize gonfalonniers de compagnie* et les douze *buonomini*.

S'il s'agissait d'une loi de l'Etat, après que les *collèges* l'avaient adoptée elle devait être votée par le *conseil du peuple* composé de deux cent cinquante citoyens et par le *conseil de la commune* formé de deux cents hommes pris un peu partout.

Pour administrer la justice, il y avait le *Podestat* qui devait être noble et guelfe; il jugeait les causes civiles. Il y avait en outre le *capitaine du peuple* noble également, qui punissait la plus légère atteinte à la sûreté de l'Etat, puis l'*exécuteur* qui était chargé de défendre le peuple contre les nobles.

---

(1) Ainsi nommés parce qu'ils étaient tirés des deux classes, *majeure* et *mineure* des artisans.

Ce n'était pas tout. A ces magistratures diverses s'en ajoutait encore deux autres : celle des *capitaines du parti guelfe,* chargée de purger l'Etat de tout gibelin ; et celle des *consuls ou syndics des arts,* composée de vingt et un membres correspondant à vingt et un arts et chargés de juger les différends mutuels des artisans.

Enfin la magistrature des *Huit* s'ajoutait encore à toutes celles-là.

Rien n'était plus difficile que la tâche de faire accorder tous ces gens là entre eux, et cependant Catherine ne recula pas devant le problème de les faire, en surplus, se réconcilier avec le pape.

Cette femme étonnante, se plaçant vis-à-vis d'eux sur le terrain qui lui était familier, leur reprocha leur conduite qui aboutissait à tant de troubles et à la perte de tant d'âmes et elle les blâma avec d'autant plus de liberté qu'elle se montrait disposée à plaider énergiquement leur cause.

Sans tarder, donc, elle députa aussitôt au pape, tant en son nom qu'en celui de Florence, frère Raymond de Capoue accompagné de quelques-uns de ses disciples et de ses amis, pour apaiser l'indignation du pontife et le ramener à des sentiments de paix.

Ils étaient chargés d'une lettre dans laquelle Catherine disait à Grégoire que les Florentins étant revenus à de meilleurs sentiments, la paix était encore possible tant avec eux qu'avec les autres rebelles à condition que le pape consentit à réformer les pasteurs et les gouverneurs de l'Eglise, à revenir à Rome et à ordonner la croisade.

« La bonté divine, dit-elle, a changé ces loups en agneaux ; je les ramène humiliés dans votre sein, recevez-les en père malgré tout, car vous avez appris de la douce et suprême vérité que lorsque le bon pasteur retrouve sa brebis perdue, il la prend sur ses épaules et la ramène au bercail.

» Empêchez surtout vos troupes de venir en Italie et

gardez-vous vous-même, si la vie vous est chère, de venir avec des gens armés, mais arrivez seulement la croix à la main, comme le doux Agneau.[1] »

Hélas! pendant ce temps-là les Bretons pontificaux arrivés en Italie sous la conduite du cardinal Robert de Genève,[2] ravageaient déjà le Bolonais tout entier, incendiant, pillant et massacrant tout sur leur passage.

Les magistrats de Florence, cependant, ne se dédirent pas de leurs promesses et dirent à Catherine :

— Partez, nous vous en supplions pour l'amour du Seigneur et allez en Avignon traiter la paix en personne avec le Pape à des conditions honnêtes.

La noble femme n'hésita pas et, sans retard, elle partit. On ne sait quelle route elle suivit, mais seulement qu'elle alla vite, car on était à la fin de mai, et le 18 juin, accompagnée de vingt-deux de ses disciples, elle entrait dans les murs d'Avignon précédée par d'autres amis et une réputation déjà immense.

Informé de son arrivée, le pape Grégoire lui avait fait préparer un logis honorable dans une belle maison en donnant tous les ordres nécessaires pour qu'elle fût traitée avec le plus grand respect.

Deux jours après elle fut invitée à se présenter devant le pontife dans un consistoire solennel pour y exposer la mission dont elle avait pris la charge au nom de Florence.

L'humble vierge se rendit aussitôt à cet appel et ce fut, sans doute, un spectacle bien singulier et bien émouvant que celui de cette modeste servante de la paix du Christ entrant avec une ferme et douce assurance dans cette salle du trône où siégeait dans un appareil magnifique au milieu d'une cour richement vêtue de pourpre, ce pontife qui tenait

(1) Lettre 6.
(2) Qui fut depuis antipape sous le nom de Clément VII.

C'est moi, dit-elle, frappez et tuez moi. (P. 170.)

alors entre ses mains le plus formidable pouvoir du monde.

Grégoire regarda avec un vif sentiment d'intérêt cette héroïne qu'il ne connaissait encore que par ses lettres dont l'allure magistrale eut fait honneur à plus d'une main souveraine et aussitôt il se sentit profondément touché d'un de ces traits qui intéressent la vie même de ceux qui en sont blessés.

Heureuse blessure qui tarira une des plaies de l'Eglise!

Frère Raymond accompagnait Catherine qui, ne parlant que l'idiome toscan, avait besoin de lui pour traduire en latin ses paroles au pape.

Son éloquence persuada Grégoire car, lorsqu'elle eut fini de parler, il lui fit cette réponse inouïe :

— Afin que vous voyiez clairement, ô femme, que je veux la paix et la concorde, je remets toute chose entre vos mains, vous recommandant seulement l'honneur et le bien de la sainte Eglise.

Dès lors, elle se mit ardemment à l'œuvre non seulement pour affermir dans sa cause ceux qui y étaient favorables, mais encore pour empêcher les autres de faire changer le pape de résolution.

En même temps, elle écrivait aux Florentins pour entretenir leurs bons sentiments et les prier de ne pas tarder à envoyer une ambassade qui, selon leur promesse, devait la suivre de près à Avignon et tardait beaucoup.

— Croyez moi, lui dit un jour Grégoire, les Florentins qui n'ont pas craint de se jouer de leur pontife, se joueront aussi de vous; ils n'enverront pas d'ambassade ou s'il en arrive une, elle ne conclura à rien.

Grégoire avait deviné juste, comme Catherine eut le chagrin de s'en apercevoir bientôt.

L'ambassade arriva enfin composée de trois députés, Pazzino Strozzi, Alexandre dell'Antella et Michel Castellani.

— Vous voici enfin, leur dit Catherine et je vous annonce

une bonne nouvelle. Si vous témoignez un peu de bonne
volonté, la paix sera bientôt conclue. Sachez que le pape
Grégoire, dont la bonté est grande et qui est disposé à vous
accorder le traité le plus avantageux, m'a chargée, par une
insigne faveur, de tout régler avec vous. Vous n'ignorez pas
combien je suis dévouée à Florence et à l'Italie au point que
je donnerais volontiers ma vie pour la paix; ayez donc toute
confiance en moi.

— Nous n'avons pas mission de conférer avec vous,
répondirent-ils, ni de conclure aucun traité par votre entremise; c'est au pape seul que nous devons faire connaître les
conditions auxquelles la république cessera de lui faire la
guerre; lui seul doit les entendre et décider.

Catherine, attristée, essaya en vain de les faire changer
de résolution, leur réponse resta la même :

— La république veut traiter avec le pape et non
avec vous.

Ils ne voulaient même pas traiter avec le pape et l'ambassade devait rester sans résultat.

Ce serait mal connaître Catherine que de se la figurer
anéantie par une telle déception dont eut souffert cruellement
l'amour-propre du moindre ambassadeur.

Elle sait, comme tous les saints actifs, qu'elle a une
œuvre à accomplir et que les voies par lesquelles elle va, si
décevantes soient-elles, sont néanmoins les voies que veut
la Providence.

Elle écrit à Florence de calmes reproches.

« Hélas! hélas! je me lamente des moyens que vous
employez... Si vous aviez fait ce qui était convenu, vous
eussiez obtenu la plus glorieuse paix qui fut jamais, car
je sais quelles étaient les dispositions du Saint-Père. Mais,
en commençant à sortir de cette voie pour suivre les sentiers
tortueux du monde, en agissant contrairement à *nos* paroles,
nous avons donné lieu au Saint-Père de s'irriter davantage

au lieu de s'apaiser; c'est pourquoi je vous dis que vos
ambassadeurs n'ont pas fait ce qu'ils devaient faire avec les
serviteurs de Dieu.[1] »

Du reste, elle n'abandonnera pas Florence; sa pitié fait
taire en elle tout ressentiment légitime; les horreurs de la
guerre sont pour elle un cauchemar, la perte des âmes navre
son cœur. Elle veut la paix, elle la veut à tout prix et toujours,
la paix du Christ!

Elle court se jeter aux pieds de Grégoire, elle le supplie
de ne pas se venger des outrages de Florence, mais de les
supporter, comme un père miséricordieux.

Grégoire est touché, Grégoire promet de tenter encore
une réconciliation avec l'orgueilleuse république.

Pendant ce temps-là, Catherine est le sujet de toutes les
conversations de la ville, elle en fait l'étonnement, elle en
devient la fable et, déjà des cabales se forment dans l'ombre
contre elle.

Quelle est donc cette obscure religieuse, venue d'Italie
pour traiter de la paix au nom d'un peuple aussi libre
qu'orgueilleux? Quel est donc le secret de l'accueil que le
pape et plusieurs grands de sa cour, font à cette femme qui
ose attaquer si librement les mauvaises mœurs des clercs
et des puissants laïques, qui prétend même transporter
d'Avignon à Rome la cour papale? Etait-il convenable qu'une
femme dirigeât l'Eglise et le pape? Une intrigue semblable
n'était-elle pas à débrouiller et à déjouer?

Trois cardinaux se promirent bien de couvrir Catherine
de confusion, de la convaincre d'ignorance et de peu de
vertu, et de la perdre dans l'esprit du pape.

Avec ruse, ils feignirent d'avoir besoin de l'autorisation
du pontife pour lui rendre visite et la lui demandèrent.
Ignorant leur dessein, Grégoire la leur accorda.

(1) Lettre 215.

Ils se présentèrent aussitôt chez Catherine et, d'un ton insolent, l'un d'eux lui dit :

— Nous venons de la part du pape notre seigneur, afin d'apprendre de vous-même si vous êtes envoyée ici par les Florentins, comme on le publie partout. Dans ce cas, il faut vraiment que Florence soit bien dépourvue d'hommes de mérite pour n'en pas trouver un seul à envoyer au vicaire de Jésus-Christ. Dans le cas contraire, il est bien singulier qu'une femme comme vous, au lieu de s'occuper de ses propres affaires, ait la prétention de venir parler familièrement des plus hauts intérêts avec le seigneur pape.

La réponse de Catherine fut si humble et si simple qu'ils changèrent de sujet et se mirent à l'interroger sur la théologie, les Ecritures, son genre de vie, ses extases, lui tendant une foule de pièges que lui fit éviter sans peine la lumière intérieure qui éclairait son esprit.

Confus et dépités, les trois cardinaux se retirèrent enfin laissant à d'autres le soin de discréditer Catherine.

Quelques grandes dames d'Avignon crurent pouvoir se charger de cet office. Elles appartenaient à cette classe de femmes connues en tout temps sous le nom de dévotes et qui cachent souvent sous les dehors d'une fausse piété assez de vices pour désespérer un saint.

Ces nobles pestes voulurent attirer Catherine dans leur société pour la mépriser ensuite ; leurs manœuvres étaient si habiles que frère Raymond s'y laissa prendre.

Quant à Catherine, lorsque ces dames lui parlèrent avec un ton doucereux de vertu et de ferveur, elle se borna à leur dire du ton le plus naturel et le plus tranchant :

— Croyez-moi, mesdames, commencez par le commencement et convertissez-vous d'abord.

Et depuis ce jour l'humble fille de Sienne ne daigna plus, non seulement leur répondre, mais même jeter un regard sur elles, en quelque lieu qu'elle les rencontrât, fut-ce à la cour du Pape.[1]

Parmi elles, il y avait précisément une proche parente de Grégoire, l'aînée même de ses propres sœurs,[2] qui, quoiqu'affichant des dehors de piété, n'était pas la moins mondaine et la moins vaine de toutes.

A Avignon, comme à Florence, à Pise ou à Sienne, la pieuse Catherine avait des extases, au grand scandale des dévotes qui criaient à l'imposture. Et, cependant, la sainte n'en faisait pas étalage, bien au contraire, c'était généralement loin de tout regard dans le secret de l'oratoire où elle assistait seule à la messe.

La sœur de Grégoire après s'être concertée avec une de ses nièces sollicita et obtint de frère Raymond la faveur d'assister à une des communions de Catherine, voulant, disait-elle, s'édifier de sa piété.

Les deux femmes, abusant de la permission, amenèrent avec elles nombreuse compagnie. La nièce du pape se plaça juste derrière Catherine qui, prosternée en attendant le pain des anges, était venue à l'église, selon sa coutume, sans chaussures et les pieds couverts seulement de simples chausses minces.

Comme cela lui arrivait souvent, elle était en extase. La nièce de Grégoire feignant alors d'appuyer par respect son visage sur les pieds de Catherine, se mit à les lui percer cruellement avec une forte épingle de toilette tout le temps que dura son ravissement. Mais la sainte demeura immobile et insensible à cette cruauté. Ce ne fut que lorsqu'elle sortit de son extase que, les pieds en sang et pouvant à peine marcher, elle sentit la douleur.[3]

(1) Dit saint Antonin de Florence.

(2) D'après les Bollandistes, 30 avril. — Le pape Grégoire avait à Avignon quatre sœurs et plusieurs nièces, il y avait aussi son père comme on le verra plus loin.

(3) D'après une lettre du B. Stephano Maconi.

Bientôt, tout Avignon connut le fait et, depuis ce jour, au lieu d'être discréditée, la vierge de Sienne fut entourée de respect et de vénération.

C'est ainsi que Jésus-Christ ayant choisi à son Eglise une avocate si extraordinaire qu'elle eut pu être rejetée par les hommes, avant de lui confier pleinement la grande cause qu'elle devait gagner, lui avait d'abord confié une cause préliminaire destinée à ne pas être gagnée, la cause de Florence qui allait s'éterniser dans d'inutiles et tortueux débats. Maintenant Catherine pouvait élever la voix comme une prophétesse et elle n'allait pas y manquer.

XV

LES DERNIÈRES LUTTES.

Sûre de l'esprit du pape qu'elle avait gagné de longue main à ses saintes et généreuses idées, Catherine ne reculera pas devant sa tâche. Elle en connaît toute l'étendue, elle a sondé les maux profonds de l'Eglise, elle sait combien une réforme totale est nécessaire à accomplir dans ce vaste corps depuis les pieds jusqu'à la tête, sous peine de voir se déchaîner les plus désastreuses catastrophes.

Jusqu'à quel point se berce-t-elle d'illusions généreuses? Elle en a, c'est certain; elle en a comme une sainte et une femme qu'elle est. Elle espère, sans doute, réussir là où des saints et des hommes, comme saint Bernard, ont échoué. Mais qu'importe, elle a la foi, car on ne fait rien sans la foi; plus élevé sera son idéal, plus reculée sera la limite de son succès. Elle sait que c'est la racine même du mal qu'il faut extirper et non ses branches, et elle ira droit, énergiquement et sans faiblesse, s'attaquer à cette racine.

Elle a trois thèmes principaux et sans cesse elle les développera publiquement en pleine curie pontificale devant les cardinaux muets d'étonnement : Réformer les mœurs des pasteurs de l'Eglise, déployer contre les infidèles l'étendard de la Croix et rétablir à Rome le siège apostolique.

Pour réformer les mœurs, il faudra autre chose que la parole des saints, il faudra l'ouragan de la colère de Dieu portant dans ses flancs les Luther et les Calvin, les siècles et les échafauds, les Garibaldi et les Victor-Emmanuel, hélas! car telle est la rigoureuse et implacable philosophie de la vie et de l'histoire.

Pour déployer l'étendard de la Croix, que le bras des guerriers et des rois est devenu à jamais indigne de porter, il faudra le renouveau apostolique des missionnaires et des martyrs, volontaires et francs-tireurs de la foi.

Du moins, elle obtiendra le seul succès immédiat qu'il était raisonnable d'espérer, parce qu'il était facile aux hommes de l'accomplir, le retour de la papauté à Rome.

« Arrachez donc, disait-elle à Grégoire, arrachez et jetez hors du jardin de l'Eglise ces hommes pleins d'impureté, d'avarice et d'orgueil; c'est-à-dire les mauvais pasteurs et gouverneurs qui empoisonnent et empestent ce jardin, et plantez à leur place, comme des fleurs parfumées, des prélats qui soient les véritables serviteurs de Jésus-Christ et les pères des pauvres, occupés uniquement de l'honneur de Dieu et du salut des âmes.

» Quelle honte de voir ceux qui devaient être d'humbles agneaux et des miroirs de pauvreté volontaire, se noyer dans les délices, les pompes et les vanités du monde mille fois plus que s'ils étaient demeurés dans le siècle.[1] »

Cela, combien de fois ne l'avait-elle pas écrit à Grégoire; elle le lui redisait en face de toute sa cour, sans témérité comme sans faiblesse.

Devant les cardinaux offusqués, elle ajoutait :

— Oui, la cour du pape devrait être un délicieux éden de vertus et il s'y trouve des gens qui exhalent une puanteur de vices dignes de l'enfer.[2]

---

(1) Lettre 5.   (2) S. Antonin, *Chroniques*, tit. xxiv.

Un tel langage que n'eussent pas renié les plus énergiques des vieux prophètes, n'avait, certes, jamais été entendu
à la somptueuse cour d'Avignon, et Grégoire lui-même se
sentait froissé d'une telle liberté catholique.

— Comment donc, lui dit-il, avez-vous pu en si peu de
temps et loin de la cour pontificale où vous n'avez guère vécu
que ces quelques jours, en connaître si bien tous les vices?

Catherine releva alors, avec une singulière majesté, son
visage vers le pontife et, levant au ciel ses yeux et ses mains,
elle s'écria d'un ton vibrant :

— Au glorieux nom du Dieu tout-puissant, j'ose vous
dire, ô très saint Père! que, lorsque j'étais à Florence, je
connaissais mieux les péchés de la cour de Rome que ceux
mêmes qui les commettaient. »

Le pape demeura muet d'étonnement. Catherine ne pouvait dire plus clairement que Dieu lui avait montré dans des
visions surnaturelles, toute l'horreur des plaies sur lesquelles il l'envoyait verser le baume à la fois cruel et doux
de l'Évangile.

— Je crois, répétait-elle souvent, que notre doux christ
de la terre, le pape Grégoire, ferait bien, je le dis devant
Dieu, de réformer deux choses qui corrompent l'Epouse du
Christ du Ciel : l'une est la tendresse et la sollicitude trop
humaines pour sa famille ; c'est un abus qu'il faudrait faire
cesser en tout et partout; l'autre est la trop grande douceur,
fruit d'une excessive indulgence. Hélas! hélas! c'est parce
qu'on ne corrige pas les membres qu'ils se gâtent... il faudrait une justice forte pour les corriger, car la trop grande
compassion est une très grande cruauté; mais il faut, pour
que la correction agisse, unir la justice et la miséricorde.[1] »

La douce Catherine savait bien que les mœurs farouches
de son temps étaient en grande partie la cause de tant de

____
(1) Lettre 41.

désordres, aussi considérait-elle la croisade comme un grand palliatif.

— Faites servir, disait-elle à Grégoire, cette soif de sang qui dévore les hommes, non plus à détruire, mais à sauver la religion et la civilisation, d'ailleurs menacées chaque jour par l'invasion des Turcs. Sauvez au moins l'île de Rhodes, ce boulevard de la chrétienté, et qui bientôt sera emporté par la puissance ottomane.

— Croyez-vous que le moment soit favorable pour une croisade, demandait Grégoire en hochant la tête; comment espérer pouvoir réunir dans une entreprise commune les peuples chrétiens qui s'entrechoquent dans des luttes continuelles et fratricides?

— Il n'y eut jamais de meilleur moment, répondait Catherine; c'est seulement en arborant la croix contre l'ennemi commun, que les chrétiens déposeront leurs armes fratricides.

Elle avait gagné à son idée le duc d'Anjou et le proposait au pape comme chef de la nouvelle croisade. D'autre part, elle y poussait Charles V qu'elle voulait d'abord réconcilier avec le roi d'Angleterre pour éteindre l'affreuse guerre qui désolait la France.

Mais, ce qu'elle voulait par dessus tout, c'était ramener le pape à Rome.

— Venez, s'écriait-elle, ne résistez pas davantage à la volonté de Dieu qui vous appelle. Vos brebis affamées vous attendent; venez donc prendre possession du siège de saint Pierre, votre illustre prédécesseur, car, vicaire du Christ, vous devez résider à votre place; ne tardez plus, venez, prenez courage, Dieu sera avec vous.[1] »

« Je vous le dis, mon Père dans le Christ Jésus, venez promptement comme un agneau plein de douceur; répondez à la voix de l'Esprit-Saint. Je vous le dis, venez, venez, venez,

____

(1) Lettre 4.

n'attendez pas le temps, car le temps ne vous attendra pas.

» Alors, vous ferez comme l'Agneau immolé, dont vous tenez la place, qui, de sa main désarmée, a détruit nos ennemis. En venant à nous plein de douceur, il ne s'est servi que des armes de la vertu et de l'amour, il n'a travaillé qu'aux choses spirituelles en rendant à l'homme la grâce qu'il avait perdue par le péché.

» Hélas! mon doux Père, je vous prie de venir avec cette main miséricordieuse vaincre nos ennemis au nom de Jésus crucifié. Je vous le dis, ne croyez pas aux conseils du démon qui veut s'opposer à votre sainte et bonne résolution. Soyez un homme fort et sans crainte et répondez à Dieu qui vous appelle, en venant prendre possession du siège du glorieux pasteur saint Pierre, dont vous êtes le successeur.... Prenez courage et venez; ne faites plus attendre les serviteurs de Dieu qui languissent de désirs, et moi-même, pauvre misérable, qui ne puis demeurer ainsi plus longtemps, car bien que je vive, il me semble mourir quand je vois autant offenser Dieu.[1] »

« Mais si la vie vous est chère, gardez-vous bien de venir avec une armée, venez seulement la croix à la main, comme le doux Agneau. Vous accomplirez ainsi la volonté de Dieu que vous transgresseriez en agissant autrement.[2] »

Le sacré collège, qui, sur les vingt-six membres qui le composaient alors comptait vingt et un français, était loin de vouloir consentir à ce départ et mettait tout en œuvre pour en dissuader Grégoire, lui représentant que le pape ne devait rien faire sans consulter les cardinaux à l'exemple du pieux pontife Clément IV.

Catherine s'empressa de combattre ces insinuations. A l'exemple de Clément IV, elle oppose celui d'Urbain V qui demandait leur avis dans les choses douteuses, mais s'en

____

(1) Lettre 5.   (2) Lettre 6.

passait dans les choses certaines. Elle lui conseille de fuir s'il le faut sans en rien dire à ces hommes qui lui tendent un piège que le démon a préparé.[1]

Les cardinaux, affaiblis sur ce terrain, en choisirent un autre sur lequel ils étaient habitués à vaincre, celui des dangers que courait la Papauté à aller se jeter au milieu des orages révolutionnaires de l'Italie. C'était avec cet argument que pendant soixante ans ils avaient retenu le siège apostolique à Avignon, notamment Clément VI et Innocent VI.

Catherine les suivit sur ce terrain brûlant et affirma à Grégoire, au nom de Jésus crucifié, qu'il n'y avait rien à craindre, et que, d'ailleurs, depuis longtemps Jésus avait, dans des circonstances analogues, répondu à Pierre qui lui conseillait de fuir les dangers de Jérusalem et d'éviter les souffrances de la Passion :

— Retire-toi de moi, Satan, tu es pour moi un sujet de scandale car tu ne comprends rien aux choses de Dieu.

« Cependant, ajoutait Catherine, le vicaire de Jésus-Christ, dût-il donner mille fois sa vie, ne devrait pas renoncer à faire son devoir. »

C'est que les conseillers de Grégoire lui avaient affirmé que, dans leur fureur contre lui, les Italiens avaient déjà préparé le poison qui devait lui ôter la vie s'il était assez téméraire pour oser rentrer dans Rome.

Et de toutes parts, dans Avignon, on ne parlait que du départ possible de Grégoire et de son assassinat certain par ces Italiens qu'on dépeignait comme étant devenus les plus féroces des sauvages.

On savait que le faible et timide Grégoire ne manquerait pas d'être glacé d'épouvante devant de tels pronostics. Bien plus, un complot s'était tramé parmi les cardinaux pour l'épouvanter davantage encore et il ne se passait pas de jour

____

(1) Lettres 7 et 8.

que l'un d'eux ne lui parlât, sans affectation et de l'air le plus simple du monde, des empoissonnements dont étaient victimes à cette époque un grand nombre de hauts personnages.

— Hélas! très saint Père, lui disait-on, le temps où nous vivons est abominable, et l'on se demande vraiment où est la sécurité des princes. Marguerite, comtesse du Tyrol a empoisonné son mari et son fils. Le roi de Castille vient de se débarrasser de la même façon de sa femme Blanche de Bourbon. Le roi de Navarre, Charles le Mauvais, a tenté d'empoisonner Charles V roi de France dont la santé est désormais perdue et chacun sait que le cardinal de Porto a péri de la même main et de la même manière. N'oubliez pas non plus qu'il est de notoriété publique en France que si le pape Urbain V, votre prédécesseur, est revenu à Avignon, c'était à bon escient et que s'il y mourut au moment même où il méditait un second retour à Rome, c'est que le poison, là aussi, fit son œuvre ténébreuse.[1]

De tels discours faisaient frissonner Grégoire; mais ceux qui les tenaient n'ignoraient pas que Catherine faisait tous ses efforts pour en détruire la fâcheuse impression dans son esprit. Aussi s'avisèrent-ils d'un expédient qui leur parut devoir primer tous les autres.

Grégoire regardait Catherine comme une sainte inspirée de l'Esprit-Saint, c'était là, en somme, le secret de son influence sur l'esprit du pontife. Ils imaginèrent d'opposer un saint à une sainte et, se souvenant que le pieux moine, Pierre d'Aragon, qui était réputé tel, avait naguère conseillé au pape Urbain V son retour à Rome, ils se persuadèrent qu'une lettre de lui donnant le conseil contraire serait reçue comme un oracle aussi sacré que le premier. D'autre part,

(1) D'après Burlamacchi, Raynald, Maimbourg et saint Antonin de Florence dans ses chroniques, part. III, tit. XXII.

Pierre d'Aragon étant en Espagne, il serait difficile de savoir si sa parole était oui ou non authentique.

Quelques jours après, Grégoire montrait à Catherine une lettre dans laquelle Pierre d'Aragon l'avertissait de se garder d'aller à Rome parce que, dans ce cas, il y serait immédiatement empoisonné.

Catherine examina la lettre avec dégoût :

— Prenez garde, ô saint Père, lui dit-elle ; c'est cette lettre qui est un véritable poison préparé avec un art infernal, cette lettre qui est fausse parce qu'il suffit de la lire pour s'apercevoir qu'elle est indigne d'un saint. Et quand je dis qu'elle est faite avec art, je me trompe, en vérité, car elle est faite, au contraire, si maladroitement qu'un enfant innocent ne s'y laisserait pas prendre.

« Je prétends que cette lettre n'est pas du serviteur de Dieu dont on met le nom en avant. Elle ne vient pas de si loin, elle vient, au contraire, de très près et elle émane des serviteurs du démon qui n'ont pas la crainte de Dieu.

» Qui donc, en effet, pourrait regarder comme un véritable serviteur de Dieu celui qui, pour détourner le souverain pontife d'une œuvre manifestement sainte, ne sait pas invoquer un seul motif spirituel et n'invoque que l'amour de la vie et la satisfaction des sens ?

» Et puis, est-ce que l'Italie seule possède des empoisonneurs habiles ? N'y en a-t-il pas aussi en France ? Les tables d'Avignon sont-elles plus exemptes de leurs tentatives que celles de Rome ?

» Non, en vérité, on n'a jamais vu un serviteur de Dieu tenir un tel langage. Ne l'écoutez point ; courez au plus tôt, au contraire, vénérer le tombeau des Apôtres, la terre arrosée de leur sang ; allez réjouir par votre présence Rome votre épouse, veuve depuis si longtemps !

» Eh bien ! sachez que j'ai prié Jésus-Christ de me manifester sa volonté et il m'a dit : « Va, dis au Pape que je lui donne ce signe suprême de ma volonté, que plus il rencontrera d'opposition et d'obtacles à son voyage, plus il sentira croître en lui la force de l'effectuer, ce qui, certainement, n'est pas dans sa nature.[1] »

Quelle lutte dans l'âme timide de Grégoire! Quelle ténacité dans celle de Catherine qui tenait tête à tant d'oppositions de toutes sortes et aux plus étranges complots.

Voilà que, maintenant, pour être plus sûr que Grégoire ne retournerait pas à Rome, les cardinaux l'invitaient à partir en personne chez les infidèles à la tête de la future croisade!

Aussitôt Catherine se met en devoir de lutter contre cette nouvelle folie.

Grégoire avait, cependant, déjà manifesté aux princes de l'Europe, en 1372, sa résolution d'aller à Rome dès qu'il le pourrait. Aucun ne s'y opposait ouvertement, sans doute, mais tous et surtout Charles V voyaient son projet d'un mauvais œil. Le retour à Rome, c'était l'écroulement de l'œuvre despotique de Philippe-le-Bel contre la papauté captive, la rupture des chaînes qu'elle même avait consolidées bénévolement depuis plus d'un demi siècle, c'était, pour le roi de France, l'espérance de maintenir la tiare sur la tête d'un Français, qui s'évanouissait.

Charles V dépêcha à Grégoire son frère le duc d'Anjou qui passait pour un sage, avec mission de déterminer à tout prix le pape à rester à Avignon.

Il employa à cette œuvre, en effet, toute son éloquence. Mais Catherine veillait pour conjurer ce nouveau danger. Elle n'était pas sans influence sur le duc d'Anjou et parvint à lui faire lâcher prise; quant à Grégoire, il était devenu évident désormais pour tout le monde que la Siennoise avait sur son esprit un ascendant complet.

Il est vrai que cet ascendant était lié à la présence auprès

____

[1] Lettres 10 et 9.

de lui et à la parole ardente et tenace de Catherine, à ses gestes inspirés et aux reparties triomphantes dans leur simplicité qu'elle avait souvent à la bouche chaque fois que le timide et hésitant Grégoire lui faisait une de ces objections que les faibles croient souvent sans réplique.

On avait fini par croire à Avignon que Grégoire s'éterniserait dans ses hésitations et ne partirait pas, tant on était habitué à l'entendre si souvent annoncer un départ qui ne s'effectuait jamais, chaque jour apportant un obstacle nouveau dans son imagination plus encore peut-être que dans la réalité.

Aussi on prit l'alarme en apprenant que le pape était enfin décidé et ordonnait les préparatifs du voyage.

Alors ce furent des supplications et des larmes surtout de la part de sa nombreuse famille envers laquelle on le savait d'une faiblesse excessive.

Un jour la scène familiale fut si vive et si dramatique que Grégoire en proie au plus sombre découragement sentit renaître toutes ses hésitations. Dans le trouble de son âme, il eut recours à sa confidente ordinaire et envoya chercher Catherine.

XVI

LE RENOUVEAU DE LA VIERGE FORTE.[1]

Quand la vierge de Sienne, accourue à l'appel du pauvre pontife, eut été introduite près de lui, elle vit tout de suite quelle nouvelle tempête soulevait son âme, hier si résolue.

Elle attendit qu'il lui parlât. Ce fut pour lui tenir le langage de tous les faibles et de tous les indécis, pour lui confier ses nouveaux doutes :

— Est-ce que vraiment je fais bien? Est ce que je ne me trompe pas ?... Dites-moi positivement et clairement si je dois continuer à poursuivre un projet qui suscite tant d'oppositions et d'obstacles?

Cette fois, Catherine lui répondit avec une froideur qui contrastait étrangement avec ses précédents discours si chauds et si convaincus :

— Très saint Père, je suis votre humble servante et il ne convient pas à une pauvre et obscure femme comme moi de

<hr>

(1) Dans la prophétie de S. Malachie, la devise qui désigne le pape Grégoire XI est *Novus de virgine forti. Renouvelé par une vierge forte.* Cette devise du prophète est une des plus frappantes et des mieux en rapport avec les événements qu'elle entendait symboliser.

conseiller le pasteur suprême dans une affaire de cette importance.

— Je ne vous demande pas conseil, repartit Grégoire, qui ne comprit pas le sens aigu de cette humble réponse, je vous demande de me faire connaître la volonté de Dieu.

Catherine regarda fixement un instant Grégoire et lui dit :

— Pouvez-vous ignorer la volonté du Seigneur, vous qui avez fait vœu de rétablir le siège apostolique à Rome?

Le pâle visage de Grégoire se colora et un saisissement le prit en entendant Catherine lui révéler ainsi une des pensées les plus secrètes de sa vie et qu'il n'avait jamais confiée à personne.

Grégoire, en effet, pendant le conclave, avait fait ce vœu pour le cas où son secret espoir de coiffer la tiare serait réalisé.

Il se leva de son siège et s'écria :

— C'en est fait! ma résolution est prise; aucun obstacle ne peut plus m'arrêter; je partirai, car, en effet, j'ai fait ce vœu et je dois l'accomplir.

Hélas! le sacrifice était si grand que des larmes roulèrent dans ses yeux à la pensée de tout ce qu'il lui fallait quitter de biens terrestres pour monter sur ce calvaire.

Il fallait dire adieu à cette famille nombreuse de frères, de sœurs, de neveux, de nièces, à son père, encore vivant, pour lesquels il avait une tendresse excessive. Il fallait quitter ce ciel paisible de la Provence, cette cité d'Avignon embellie par les cardinaux de toutes les richesses de l'architecture; ce palais splendide et somptueux, cette inexpugnable forteresse où ses prédécesseurs avaient englouti et accumulé des trésors immenses et qu'avaient à l'envi décoré les plus illustres pinceaux de l'Italie; qu'allait devenir cette cour brillante et policée qui avait fait d'Avignon le centre et le rendez-vous de toutes les pompes et de tous les plaisirs? Il allait falloir surtout dire adieu au repos, à la douce sécurité, pour aller jouer le rôle de Daniel dans la fosse aux lions ou des jeunes hébreux dans la fournaise.

N'importe, c'en était fait, Catherine triomphait.

Sur son conseil, Grégoire fit préparer en secret une galère sur le Rhône; tout à coup, le 13 septembre 1376, il annonce son départ immédiat aux cardinaux et leur enjoint de le suivre.

La stupeur est au comble à la cour d'Avignon, mais déjà Grégoire s'est mis en marche et quitte son palais.

Une dernière et cruelle épreuve l'attend encore : à la porte de la forteresse, un homme est étendu en travers du seuil, la face contre terre, poussant des cris de douleur et de désespoir.

Grégoire, plus pâle que jamais, porte la main sur son cœur; il a reconnu son père!...

— O mon fils! mon fils! s'écrie-t-il, est-il possible que tu sois si ingrat envers mes bienfaits paternels, de vouloir me priver désormais de voir mon sang! Arrête! arrête! ne méprise pas ainsi ta patrie! respecte ton père!... Non! non! tu ne partiras pas, je ne te laisserai pas partir, tu passeras plutôt sur mon corps!

A ces paroles s'ajoute un concert de lamentations poussées par tous les autres membres de la famille du pape.

Grégoire hésite-t-il? Catherine est là, et il sent sur sa tête, aussi, son vœu qui surplombe comme une épée.

— Ecoutez, s'écrie-t-il, la parole même de Dieu qui a dit au Christ : « *Tu marcheras sur l'aspic et le basilic, tu fouleras aux pieds le lion et le dragon!*[1] » Laissez passer le vicaire de Jésus-Christ.

Et cet homme timide et doux, devenu tout à coup un héros, poursuivit son chemin, suivi par quelques cardinaux dociles à sa voix.[2]

(1) Psaumes.
(2) Six cardinaux français refusèrent obstinément de quitter Avignon

On arriva à Marseille. Vingt-deux navires envoyés par les hospitaliers de Saint-Jean de Jérusalem, par diverses villes et même par Florence, attendaient dans le port.

Grégoire, qui n'avait rencontré que des visages éplorés, sur sa route, après être resté douze jours à Marseille, monta, le 22 octobre, sur sa flotte. Mais en jetant un dernier regard sur sa terre natale pour lui dire adieu et pour la bénir, son cœur défaillit et il éclata en sanglots...

Catherine avait pris les devants avec ses disciples et ses compagnes pour aller, par Toulon, gagner promptement Gênes et y attendre le pape qui y débarqua après avoir essuyé de telles tempêtes qu'on eut cru les éléments même conjurés contre son retour.

Brisé par l'émotion et la fatigue, Grégoire avait le plus grand besoin du secours de la mâle vertu de Catherine, d'autant plus que de Rome arrivaient les plus mauvaises nouvelles, hostiles au retour du pontife.

Déjà Grégoire, effrayé et indigné des procédés des Romains, avait tenu un consistoire public et arrêté son retour à Avignon; déjà les courtisans triomphaient de cette victoire inespérée. Mais, une fois de plus, Catherine était là, dispersant d'un regard tous les nuages.

Les yeux levés au ciel qu'elle montrait à Grégoire d'un doigt inspiré, elle s'écria :

— « O Dieu éternel ! ne permets pas que ton vicaire cède aux conseils de la chair ni qu'il juge au gré des sens et de l'amour-propre, ni qu'il se laisse effrayer par aucune adversité..., ô immortel amour ! si tu es offensé de ses incertitudes et de ses retards, punis-en mon corps que je t'offre et te rends pour l'accabler de maux et le détruire au gré de ta volonté. »

« Voilà, dit-elle, la prière que je fais tous les jours. Courage ! sans patience et sans constance, Dieu ne saurait habiter nos âmes, c'est un cœur faible qui se laisse arrêter par les injures ou les railleries. Ouvrez l'œil de votre intelligence et considérez combien vous devez être plus fort que les autres hommes, vous qui êtes appelé à soutenir et à gouverner l'Église. Là ou le fardeau est plus lourd, le cœur doit être plus ardent, l'esprit plus insensible aux outrages de la tribulation; loin de prendre peur, le pasteur suprême doit, au contraire, se réjouir dans les luttes et les tempêtes. Je veux que vous soyez comme un arbre d'amour greffé sur le verbe d'amour, qui plonge ses racines dans une profonde humilité.

« Je vous en prie, pour l'amour de Jésus crucifié, allez le plus tôt que vous pourrez prendre la place que vous tenez des Apôtres Pierre et Paul, et je vous assure que le Christ vous pourvoira lui-même de toutes les choses nécessaires à votre bien et à celui de son épouse.[1] »

Le 17 janvier 1377, Grégoire était aux portes de Rome qui lui avait préparé une entrée triomphale; entrée hélas! sur laquelle Catherine ne pouvait que pleurer :

Mille bateleurs vêtus de blanc ouvraient le cortège, tandis que d'autres dansaient sur le passage. De toutes parts flottaient au vent de joyeuses bannières aux armes du pape, tandis que les échos résonnaient aux sons éclatants des fanfares guerrières.

Précédé du grand maître de l'Hôpital, Jean d'Eradia, qui portait avec pompe l'étendard pontifical, Grégoire s'avançait, monté sur son riche destrier. Derrière lui venaient le clergé, les moines, les prélats vêtus de leurs habits pontificaux, les bannerets, la noblesse, les sénateurs, les conseillers, vêtus de leurs riches habits de soie brochée d'or. Les rues étaient jonchées de fleurs effeuillées. La bourgeoisie et le peuple applaudissaient frénétiquement en criant :

____

(1) Lettre 11.

— Vive le Saint Père! vive Grégoire! Vive le Pape!

Et, dominant tout ce concert d'enthousiasme, la voix des cloches de toutes les basiliques de la ville éternelle chantaient dans l'allégresse de leur cœur de bronze, l'alleluia de cette résurrection.

Enfin le Pape entra à Saint-Pierre chanter sur le tombeau des Apôtres le *Te Deum* de la Papauté renouvelée. La nuit était tombée, mais des milliers de flambeaux embrasaient la basilique et la colline vaticane.[1]

Grégoire, sans doute, versait des larmes de joie, mais on eut cherché en vain, à ses côtés, l'humble femme à qui l'Eglise romaine devait ce fastueux triomphe.

Pendant que Rome célébrait cette fête glorieuse, Catherine était à Sienne et, rentrée dans une pauvre maison, priait Dieu, prosternée dans la poussière, elle implorait pour le pape et la Papauté, pour l'Eglise et pour l'avenir, les bénédictions du ciel.

Elle savait, en effet, que les fêtes les plus brillantes ont des lendemains sombres; elle n'abandonnait pas la lutte et se préparait, au contraire, à de nouveaux combats.

Non, en vérité, ce n'était pas ce retour-là qu'elle avait demandé, au nom de Jésus crucifié, au nom de l'agneau immolé, au nom du bon pasteur qui donne sa vie pour ses brebis!

(1) On voit au vatican un splendide tableau digne de Raphaël et dans lequel le pinceau de Vasari a immortalisé ce retour triomphal.

CONCLUSION

Catherine avait un vaste plan en tête, pour la réussite duquel il fallait deux choses : d'abord que le pape demeurât constant à Rome et ferme sur son siège reconquis; ensuite que Dieu lui donnât de longs jours.

Hélas! Grégoire, lui aussi, allait vouloir retourner à Avignon, et Grégoire allait mourir!

Les relations entre Florence et le Saint-Siège étaient toujours fort tendues. Aux propositions que Grégoire fit faire à la république, les Florentins répondirent en réclamant de nouveau la médiation de Catherine.

Sur l'ordre de Grégoire, elle quitta Sienne et s'en fut encore une fois à Florence, où, reçue avec déférence par les chefs du parti Guelfe, elle leur persuada de mettre les *Huit* en demeure de se réconcilier avec le Pape. Ils refusèrent et la guerre civile s'alluma dans cette malheureuse et bouillante cité. Les partisans de la paix furent vaincus et les révolutionnaires les décrétèrent d'exil et Catherine avec eux.

Le trouble fut si grand qu'une émeute se forma contre l'angélique fille et demanda sa mort.

Réfugiée dans un jardin avec quelques-uns de ses disciples, elle priait Dieu d'apaiser ces tempêtes, offrant son propre sang pour le salut de cette malheureuse ville et pour la paix de Jésus-Christ.

Tout à coup, le jardin fut envahi et ces furieux s'y précipitèrent en criant :

— Où est cette méchante femme ! à mort l'hypocrite ! où est Catherine ?

— C'est moi, dit-elle, frappez et tuez-moi ; mais de la part de Dieu, je vous défends de faire le moindre mal à aucun des miens !

Celui à qui elle s'adressait, le plus furieux de tous, frappé soudain comme d'un coup au cœur par la douce majesté de ces paroles et la céleste candeur de son visage, s'arrêta et lui dit :

— Va-t'en, va-t'en ! éloigne-toi, fuis vite !

— Je suis bien ici, répondit Catherine. Où donc irai-je, si j'ai soif de m'offrir en sacrifice pour le Christ et son Eglise ? Dois-je fuir au moment où je trouve ce que j'appelle depuis si longtemps et désire si passionnément ?

Et comme ces furieux s'en allaient sans lui faire de mal, à ses compagnons qui la félicitaient, et se félicitaient eux-mêmes d'avoir échappé à un si grand danger, elle répondit en gémissant :

— Hélas ! hélas ! malheureuse femme que je suis ! Je n'ai pas été trouvée digne du martyre ![1] Oui, la multitude de mes iniquités est si grande que je n'ai pas mérité que mon sang donnât la vie et la lumière aux peuples aveugles et qu'il réconciliât le fils avec le père. Et pourtant, de quel désir nouveau n'avais-je pas désiré de souffrir le martyre pour l'honneur de Dieu, le salut des âmes, la réforme et le bien de la sainte Eglise ![2]

Florence devait se ressaisir bientôt. Le calme renaquit et les amis de la paix, de concert avec Catherine, décidèrent d'ouvrir, au mois de mars de l'an 1378, un congrès à Sarzana

(1) Fr. Raymond. *Vie de sainte Catherine de Sienne.*
(2) Lettre 96 à Fr. Raymond.

dans la province de Lucques. Là, devaient se rendre, pour établir les bases de la paix, les envoyés du pape, des Florentins, des princes alliés d'Italie, de la reine de Naples et du roi de France.

On touchait à l'automne de 1377 lorsque, tout à coup, le bruit courut que Grégoire XI, à l'exemple d'Urbain V, se préparait à retourner à Avignon.

La nouvelle, hélas! était vraie. Profitant de l'éloignement de Catherine, les cardinaux du parti français n'avaient rien négligé pour retourner complètement l'esprit toujours indécis de Grégoire. Ils lui représentaient sans cesse son retour à Rome comme une aventure et comme une faute que le succès ne justifiait même pas. L'Italie était toujours en guerre; Rome elle-même demeurait insoumise. Ils dénigraient Catherine et faisaient honte à Grégoire de s'être ainsi laissé entrainer à ce retour qui n'avait été qu'une longue suite de déceptions.

Grégoire prêtait l'oreille à ces avis lâches contre lesquels un seul cardinal, Pierre d'Estaing, élevait vainement une voix impuissante, et sa mauvaise santé appuyait, de son côté, ces perfides conseils.

Hélas! si Catherine eut connu ce projet qu'elle ignora, elle n'eut pas manqué de demander à Grégoire ce qu'il avait fait de ses avis et de ses supplications.

« Avez-vous réformé un seul abus! lui aurait-elle demandé; avez vous seulement mis la main à la réforme du clergé pour laquelle je souffrirais volontiers le martyre? Etes-vous venu à Rome comme je vous avais supplié de le faire, la croix à la main, comme un doux christ, comme un doux agneau, prêt à donner votre vie de pasteur pour vos brebis? Non, vous êtes venu avec l'aide de ces troupes mercenaires que je vous suppliais de laisser au-delà des Alpes; vous êtes venu précédé de musiciens, de danseurs et de baladins. Reconnaissez que mes prévisions, au contraire de ce que l'on vous insinue, se sont toutes réalisées. »

Cependant, il faut reconnaître, pour être juste, que le retour du pape à Rome portait déjà quelques fruits de paix et de concorde qu'un peu de patience eut aidés à mûrir.

Mais Grégoire était malade et sa maladie contribuait à remplir son âme d'une foule de craintes dont plusieurs, hélas! n'étaient que trop réelles.

Il se voyait, mourant à Rome, laissant le sacré Collège divisé, scindé en deux camps opposés dont l'un tiendrait pour Rome et l'autre pour Avignon. Il voyait l'élection de son successeur compromise, le schisme imminent, l'Eglise déchirée par une anarchie redoutable dont les germes n'étaient que trop vivants. Il se représentait, en outre, son retour à Rome comme une provocation au schisme prochain, à la lutte qui allait s'engager entre les deux villes désormais rivales, Rome et Avignon.

Au point de vue humain, il ne voyait, hélas! que trop juste; mais Catherine avait vu aussi juste que lui; elle n'ignorait pas ce qui pouvait arriver, mais elle se plaçait, elle, à un point de vue de beaucoup supérieur, celui des principes. D'ailleurs, avec une sainte sagesse, elle ne se bornait pas aux conseils, elle offrait en même temps le breuvage amer mais salutaire qui devait être le remède à tant de maux passés, présents et futurs, et, s'infusant jusqu'au tréfonds même de la maladie, en sécher la racine.

Hélas! on voulait bien guérir, mais on ne voulait pas prendre le remède amer, la croix de Jésus, la charité de l'Evangile, la pure morale du divin amour. Que de malades en sont là! Grégoire ne voyait à cette avalanche de maux, qu'un seul frein, le retour à Avignon.

Du moins, avant d'affronter les périls de la mort qu'il sentait imminents pour lui, il voulut faire un acte pontifical capable, si on le respectait dans son esprit même, de détourner les catastrophes.

Il rédigea une constitution extraordinaire réglant l'élection immédiate de son successeur et les formes exception-
nelles dans lesquelles elle devrait être faite pour le bien et la
paix de l'Eglise.

Cette constitution apostolique suspendait toutes les
anciennes règles relatives à l'élection régulière des pontifes,
sans toutefois les abroger en principe.

User de l'autorité apostolique pour porter un pareil coup
et décréter une pareille mesure était une chose inouïe qui
montrait bien à quel point le pontife sentait le terrain miné
sous ses pieds et la catastrophe imminente.

Ce fut le 19 mars 1378 que Grégoire signa ce décret, et
le 27 du même mois il rendait l'âme, à peine âgé de
quarante-sept ans.[1]

Du même coup, le congrès de Sarzana, déjà rassemblé,
se sépara, remettant en question la paix entre Florence et
le Pape. Cette catastrophe était un des plus grands malheurs
qui pouvaient alors frapper l'Eglise.

Plus que tout autre, Catherine de Sienne la sentit et
la pleura et son âme dut être visitée par une douleur
sans nom.

Mais le désespoir est inconnu à l'âme des saints qui
voient dans la lumière sacrée les tenants et les aboutissants
des choses.

Aussi, écrivit-elle à Frère Raymond ces paroles prophé-
tiques que déjà elle lui avait dites :

« Dieu a des desseins et les fléaux que subiront les peuples
seront le châtiment de leur révolte contre l'Eglise; les lois
du Christ seront rappelées par le saint enseignement des
grandes douleurs aux pasteurs qui ne vivent pas dans la

____

(1) D'autres disent cinquante-quatre ans. Grégoire XI, disent les chroniqueurs, souf-
frait et mourut probablement de la gravelle. Les chagrins et les soucis ne furent certainement pas étrangers à sa mort prématurée.

justice. Clercs et laïques, battus par la tempête et purifiés par le feu de la tribulation, feront naître pour l'Eglise des temps meilleurs. Car le Christ m'a dit[1] :

« Je permets ce temps de malheurs pour arracher toutes les épines qui environnent et blessent mon épouse... J'ai fait un fouet des créatures et avec ce fouet j'ai chassé les marchands immondes, avares et cupides.[2] »

« Après ces tribulations et ces angoisses, Dieu purgera la sainte Eglise et renouvellera l'esprit de ses élus par un moyen qui ne peut être compris des hommes. Il y aura dans l'Eglise une réforme si grande et un si heureux renouvellement des saints pasteurs, qu'en y pensant seulement mon esprit tressaille de joie dans le Seigneur. Comme je l'ai déjà dit, cette épouse qui, à cette heure, est en haillons et presqu'entièrement défigurée, deviendra merveilleusement belle alors, elle sera parée des pierres précieuses de toutes les vertus. Toutes les nations se réjouiront de se voir gouvernées par de saints pasteurs et les peuples encore infidèles, attirés par la bonne odeur de Jésus-Christ au bercail catholique, se convertiront au véritable et divin Pasteur, gardien vigilant de leurs âmes. Rendez donc grâces au Seigneur, qui, après cette tempête, donnera la paix à son Eglise.[3] »

Car les saints de tous les temps et de tous les lieux n'ont jamais eu qu'une seule parole à la bouche, expression du vœu brûlant de leur cœur chrétien et catholique, la parole du prophète bien-aimé :

« Venez, Seigneur Jésus, venez![4] »

(1) *Histoire de saint Catherine de Sienne*, par le R. P. Alphonse Capecelatro.
(2) Lettre 87 de sainte Catherine à Fr. Raymond.
(3) Fr. Raymond, *Vie de sainte Catherine de Sienne*.
(4) Apocalypse.

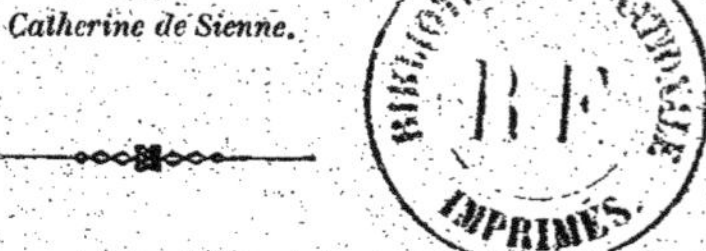

TABLE DES MATIÈRES.

Et. Casterman, Tournai. 1519